此生繁华 有你才芬芳

她们都是内心有风景的女子

北妮 著

金城出版社
GOLD WALL PRESS

图书在版编目（CIP）数据

此生繁华，有你才芬芳：她们都是内心有风景的女子 / 北妮著. — 北京：金城出版社, 2017.1
ISBN 978-7-5155-1454-3

Ⅰ. ①此… Ⅱ. ①北… Ⅲ. ①女性—名人—生平事迹—中国—近代 Ⅳ. ①K828.5

中国版本图书馆CIP数据核字(2016)第306752号

此生繁华，有你才芬芳：她们都是内心有风景的女子

作　　者　北　妮
责任编辑　雷燕青
开　　本　880毫米×1230毫米　1/32
印　　张　7.75
字　　数　130千字
版　　次　2017年1月第1版　2017年1月第1次印刷
印　　刷　北京欣睿虹彩印刷有限公司
书　　号　ISBN 978-7-5155-1454-3
定　　价　35.00元

出版发行　**金城出版社**　北京市朝阳区利泽东二路3号　100102
发 行 部　（010）84254364
编 辑 部　（010）84250838
总 编 室　（010）64228516
网　　址　http://www.jccb.com.cn
电子信箱　jinchengchuban@163.com
法律顾问　陈鹰律师事务所（010）64970501

前言

每个人心中，总有那么一个人，总有那么一个时代，是留存在自己灵魂的最深处，暗暗膜拜的。如烟的往事，羁绊的爱情，总会在某个瞬间，突然涌上自己的心头，一发而不可收拾。

如今的我们，因为经受着金钱、名利、背叛、伤害等考验；视爱情为稀罕物，不敢靠近；我们向往着我们理想的美好时代，恩怨情仇，快意了然……只可惜，我们无法穿越。但我们的心中，依旧安放着一个个女神的形象，我们在像她们一样生活着。

像女神一样拥有凄美动人的爱情，像女神一样生活并幸福着，这是每个女子心中的梦想。不过，爱情这个东西，从来没有重样的。每个人的爱情都有属于自己灵魂的烙印，自己的幸福还要自己去拿回来，女神正好为我们提供了榜样。

三毛、林徽因、萧红、冯沅君等才女，她们通过自己毕生的精力为我们演绎了纷繁的爱情和生活，告诉每一个女子，要追随自己的灵魂，追求自己的爱情，活在自己的人生里，成就一段“你若不离不弃，我必生死相依”的佳话。

其实，女神离每一个心有梦想的女子并不远，每个灵魂中带着香气的女子都是自己命运的女神。爱恨情仇、悲欢离合，这五彩斑斓的人生历程，值得每个女子用自己的一生去细细品味。刻骨铭心的永远都是留给自己的，他人永远替代不了你的爱情与生活。

在那个女神辈出的时代，一个个女神宛如天际的星星一样，点缀在如今每一个女子的生命中。不是我们所处的时代节奏太快，而是我们根本没有找到属于自己灵魂的方向，没有把自己的爱情和生活握在自己的手中。

人世纷纷扰扰，当所有一切都已经淡去，唯有爱情，像珍珠一样闪闪发光。那些想像女神们一样恋爱和生活的女子，让自己的灵魂充满香气吧。当灵魂被洗刷得明朗清净，当在爱情的天空里自由翱翔时，相信每一个女子，都会成为自己命运的女神，品尝自己的幸福。

北妮

2016.5

此生繁华　有你才芬芳

目录

/ 三　毛：为了那梦中的橄榄树 /

曾经和闺蜜在一个阳光明媚的下午，靠着明亮的落地窗席地而坐，静静听着舒缓的爵士乐。这安宁的时刻弥足珍贵，告别了日常的喧嚣和忙碌，终于静下心来和三五位朋友坐一坐，感受扑面而来的清风，聊一聊对人生的几分期许。

朋友调侃儿时的宏图壮志，要么是当警察，要么是当政客，稚嫩的我们许下了很宏大的心愿。

“那你现在的愿望是什么？”我托着下巴，若有所思。

“我想——就是，”她迟疑了下，接着斩钉截铁地说，“有一处地方，能不被打扰地生活。”

我像是被这只言片语击中了心房，点点头，表示极为赞成的同意。

凡俗人生中，总是充斥着微小和琐屑，却是我们无法逃避的漩涡。熟谙生存法则的人会去适应，并渐渐被磨了棱角，不去计较。而认真之人却拒绝“难得糊涂”的温情路线，偏偏要过自己特立独行的人生，不被打扰，只远观炊烟袅袅。

放眼烂熟大众口中的各路名人，三毛可谓是将这种人生活在骨子里的人了。

三毛的一生是将浪漫和自由做到底的。即使是她的死，也因为各种版本扑朔迷离的解说而吊足大众的胃口。她注定是要被历史铭记的女子，因为她特立独行的姿态。

小时候的三毛就跟其他的孩子不一样。她不喜欢可爱的芭比娃娃，也不像一般女孩那样做着公主梦，她就喜欢捡拾别人丢弃的物品，独自把玩，悠然自乐。活在自己世界的孩子是乖觉的，甚至有些病态的脆弱。他们从不把融入同龄人作为最自豪的事，自有自己的行为处事方式。

初中时，一位数学老师的羞辱成了她人生的一个噩梦，她甚至为此患上了抑郁症，陷入严重的心理障碍无法自拔。

其实，骄傲的三毛完全可以跟老师解释自己从零分逆袭一百分的原因，而不是骄傲地抬起头，像一个大人一样告诉老师："即使你是老师，也不能这样侮辱我。"

她真的是一个骄傲而内心脆弱敏感的人，骄傲到不想去解释，也不愿意应对那些闯入自己世界的不速之客。

人都说女孩要富养。三毛的家境也算优渥，却没能在平顺的环境中一路成长起来。

零分事件后经过了休学、复学、逃学、退学的重重波折，被父母转送到了台北美国学校，她看各种有意思的书、背唐诗宋词、插花、学习国画……生活突然五彩斑斓了起来，尽管忧郁症总是间歇性地折磨她的身心，常规性的心理治疗甚至都已经毫无作用。

痛并快乐着，可以说是三毛人生的注脚。大起大落的人生经历伴随着艰难波折的爱情故事，三毛是一个以自传式写作成名的作家，她的人生本就是传奇。

初恋是同校的文艺才子舒凡，酷爱文学的年轻女孩三毛，定然会倾心于才华横溢的男子。秉性相通的人陷入爱情，定会在迷醉一般的幸福感中沉沦吧。却不想一次凡俗生活的留学事件，一个让对方不堪其重的逼婚要求，破坏了那原本诗意美好的爱情。

本是意气相投的两个人，一起读书、一起吃饭、一起在校园中享受青春年华中最美好的爱情。尽管神经质且敏感的三毛总会因为些鸡毛蒜皮的小事不高兴，折磨她那个多才多艺的恋人。或许，也只有爱到深处，才会害怕失去，像是想要拼命抓住手中的流沙，患得患失是奥赛罗残忍地扼杀苔丝德蒙娜的手。

毕业在即的舒凡终于爆发了，他拒绝了三毛提出结婚的要求。试图用婚姻束缚彼此的感情注定早夭，敏感聪慧的三毛却败给了自己的深爱和害怕失去的不安全感。是对现实的绝望和无助吧，她狠狠地割着自己左手的动脉，以一个小女孩的任性表达了对爱情最义无反顾的态度。

深深的伤痛会一直伴随着她，直到下一次更波涛汹涌的恋情将她席卷，更高的亢奋和幸福感才足以抹去上一次的伤痛。没有十年怕井绳的顾忌，只要相爱，便全身心投入其中。

三毛这样为爱而生的女子并不少见，她们总是感性地将爱情供奉于掌心，而这感性便是她生命的原动力，爱情能赋予这感性更大的力量。也是这感性让初涉文坛的三毛得以在白先勇主编的《现代文学》杂志上刊登作品《惑》，这魅惑的标题加上作品中透露出的不寻常的感性，似乎预示了三毛不寻常的感性人生。

1967年赴西班牙留学的三毛，邂逅了自己人生中最重要的男人荷西·马利安·葛罗。二人没有进入炙热的爱情，这只是三毛曲折寻求真爱之路一个小小的伏笔，男主人公已经登场，却还没有和女主角三毛坠入爱河。

取而代之的是，她交了形形色色的男朋友，却都没有结果，只是轻描淡写地出现，又悄无声息地消失。这些频繁的爱恋似乎像是一次次无果而终的旅行，只给身在异国的三毛一些情感上的慰藉，便难觅踪迹了。

受过伤害的女子总是希望自己能投入一个不那么爱的爱人的怀抱，以期能在平淡中获得安宁，过分炙热的情感在温暖人的同时总有燃烧毁灭的风险。只是如狂风骤雨般的女子三毛，无法释怀于这样的爱情，这样的人生。

三毛出国前就读的文化学院教授胡品清这样描述对三毛的印象：喜欢追求幻影，创造悲剧美，等到幻影变为真实的时候，便开始逃避。所以，理想主义者三毛是不能就这样归于平淡的。

1971年三毛回国，在咖啡厅邂逅了画家邓国川，不久二人就进入了婚姻大事的预备阶段，家人的集体反对让三毛更加笃定，她在自认为的两情相悦的浪漫中藐视世俗。却不想婚礼举行前夕，她得知对方竟然是有妇之夫。三毛是何等地骄傲孤绝，怎么能够容忍这样的事情发生在自己身上，准新郎邓国川不过是个情感骗子罢了。她满心欢喜，想要托付终生，以为是遇到了Mr Right，却不想又是一次错误。只是这错误并不美丽。

三毛是爱情中越挫越勇的战士，丘比特之箭又一次射中了这个孤僻女作家的心。这次，男主角是年长稳重的德国教师，两人相爱一年后，稳妥妥地决定结婚。但厄运总是不放过本就脆弱的三毛，德国教师在婚前因心脏病突发猝死，三毛又一次伤心欲绝，大量吞服安眠药自杀。

爱情、婚姻、生命，这些其他人生命中唾手可得的一切，却似乎成为了三毛的诅咒，她总是求而不得，得而复失，终不得圆满。而在这蹉跎苦痛的体验中，对生命的放逐成为了她无奈的反抗，却一次次因亲情的眷顾而被迫勇敢面对。她从不是一个勇敢的女人，也不够世故聪明。聪明的女人不会选择飞蛾扑火的爱情，而是权衡利弊得失之后选择最佳伴侣，随后稳稳妥妥安享尘世幸福。

三毛渴望安宁，只是她的安宁存在于风景绮丽的悬崖边，需要九死一生的勇气才能得到，也为她所接受。

那些钟爱三毛文字的粉丝，估计是要对荷西感恩戴德的。感谢他让他们喜爱的女作家能有一段安宁而绮丽的人生。

1972年，情伤之后的三毛出国疗伤，又一次来到阔别多年西班牙，遇到6年前青涩的高中生荷西，如今已经稍稍有些男人的感觉。姐弟恋和异国恋降临到一向浪漫而特立独行的三毛身上倒也正常。自此以后的12年，直到荷西意外丧生，这段时间是她生命中最快乐的时光。

从西班牙到撒哈拉，最后又在加纳利群岛，这对小夫妻所到之处，都是新奇有趣的生活剪影，也都在三毛的笔端变成了永恒。所有生活相处的点点滴滴都被生动地记录了，三毛的写作以一种无限增长的速度继续着，信笔拈来的生活随感，却在读者中引起了不小的轰动，这样的融异域风情、纯真爱情、美好人性、独立思考于一体的美文，怎能不感染读者的心呢？

荷西比三毛小了8岁6个月，但两个人的爱情却跨越了年龄的距离，浪漫美好。

女人总是不倾向于姐弟恋的，因为没有一个女人希望自己的恋人仍然年轻，而自己却红颜憔悴、韶华不再。幸而三毛的内心本就是个孩子，简单决绝，不流于俗，拥有年轻的心，便不会有垂垂老矣的顾虑。

在加纳利群岛生活期间，他们有一所面朝大海的房子，坐落在小山坡上，房子一律是白色的，在蓝天下显得格外清爽漂亮。荷西在对面撒哈拉沙漠工作，定期回家看望三毛。三毛却并不觉得孤独，甚至决定不和邻居们过分交往，以保持自己独立的生活空间。却不想，在撒哈拉的三毛变得更加合群而富有爱心了，刚刚搬过来两个月便认识那么多的人，和很多不同的人交往，生活愉快而简单。

那个现实中本有些自闭和忧郁的三毛不见了，是因为爱情的滋润和人生顺遂吗？或许她身体里本就居住着一个孩子，只是无奈没有人将那个小孩子唤出来。

他们的婚姻生活没有柴米油盐的琐碎，更无为生计愁苦的庸碌，更像是一场新奇的冒险。

三毛和荷西会偷看当地人冲灌清肠、洗澡净身；会一起出海捕鱼，然后站到大街上叫卖；更会进入杳无人烟的沙漠中寻找化石，害得荷西陷入流沙险些丧命，她却会孩子气地说“还要去”。

荷西上班不在的时候，她也能一个人自娱自乐。北欧的退休老人义务为社区清扫垃圾，细致认真，三毛也陪着一起，摇晃树木，清理落叶；晨起开车买菜时候总是能捎上一两位年迈体衰的老人，顺便发展出一两段忘年的友情；被盛情邀请去参加当地的老年人音乐会。

如果可以，三毛大概会就这样终老了。她的恋人比她年轻，她不必再体味失去恋人的痛苦。

直到1979年9月30日这一天，正是中秋节，三毛沉浸在父母来访的温馨亲情中，想着自己年轻的丈夫，这样的人生，还有什么可抱怨的呢？

却不想，一个噩耗如晴天霹雳，宣告了三毛注定命途多舛的人生：丈夫荷西在潜水过程中意外身亡。三毛赶赴停尸间时，荷西冰冷的遗体静静地躺在那里，她走近去看自己最亲爱的男子，因巨大的悲伤而出奇地动作迟缓、平静。直到在荷西的葬礼上，她不顾一切地跪倒在地，用双手拼命地挖着墓地的泥土，她不要让他活在冰冷的地底下，更不想接受这样的事实。

发生的本无可逃避，伤心欲绝的三毛只得在双亲的陪伴下返回台湾暂住，后又坚持回到加纳利群岛这个充满回忆的地方，不管她在做什么，却始终无法走出伤痛。

没有一句再见，荷西便和她永别了，那副经年保存的完整骆驼头骨的结婚礼物成了睹物思人的凭证。

在三毛拒绝长大的一生中，可以说是喜忧参半的，巨大的幸福和沉痛的伤感总是此起彼伏地出现。三毛并不会因人生的无常而变得规训，她始终是当年那个穿着苹果绿裙子的小女孩，惊惶而羞怯。

官方记载着三毛最后的命运：1991年1月4日凌晨，三毛在荣民总医院以丝袜自缢身亡。

这世上总有些女子愿意选择一条并非畅通的路，经历千愁万绪，只为追求心中那一颗苍翠的橄榄树，过自己选择的人生。于这样的人生中，此生足矣，何必唏嘘。在这世界上，单纯的人总是少数，却自有独自的生活方式，自由而浪漫。

张幼仪：爱情果真是害人的东西

一直惊叹于互联网时代的造词能力，“闪婚”这个词用得妙，婚姻生活随性情而来，合则结，不合则散，如聚散无常的浮萍，没有任何拖泥带水、期期艾艾。如果90多年前的张幼仪生在现在，估计也不会因为离婚这件事而成为知名人物。

1922年，中国历史上依据《民法》的第一桩西式文明离婚案产生了。主角是后来名声鹊起的新月派代表诗人徐志摩，他温文尔雅的气质和金边眼镜仍符合当下大众的审美标准。而就是这样一个多才而绅士的男人，竟冷酷无情地和为自己刚刚生下次子的妻子张幼仪离婚。离婚也就算了，还以签订离婚协议的洋范儿完成的。不得不说，文艺青年们总是不让人跌破眼镜不罢休的，这点在他们的始祖徐志摩身上就体现得淋漓尽致了。

离婚的原因是什么？

如果将这次离婚事件放在21世纪，原因肯定是五花八门，常规的原因可能是对方搞婚外恋。其他的原因就多了，比如你心心念念的爱人其实昨天刚刚宣布出轨；再比如对方只是觉得没有激情了，想要换一种生活方式；也或者婚姻的缔结不过是为了得到户口、绿卡什么的，该得到的得到了，自然就到了真婚姻假夫妻结束的时候。

而徐志摩和张幼仪离婚的原因很简单，他们之间没有爱情，或者更准确地说：是张幼仪爱徐志摩，但徐志摩从来没爱过她，甚至都不曾正眼看上一眼。

他们是“父母之命、媒妁之言”的婚姻，谈爱情自然有些奢侈，再加上徐志摩在18岁那年娶了张幼仪之后，就启程去西方求学了。本就心高气傲的徐志摩开了洋荤，视野更加开阔，对本来没有什么感觉的旧式婚姻更多了几分厌恶，再加上邂逅林徽因，这婚是非离不可了。

张幼仪从来就是徐志摩眼中的“土包子”。那她到底是不是真的那么差强人意呢？还是 “情人眼里出西施”的反证。

1900年，张幼仪出生于江苏宝山，她的祖父是清朝知县，父亲是当时上海宝山县的巨富。在全家12个孩子中，张幼仪排名第八，是家中次女。而且她那有名的二哥张君劢在中国现代史上是个人物——政治家兼哲学家。由此可知，她并不是目不识丁的村妇，更不是门不当户不对地高攀徐家。

虽然比起林徽因的游学欧洲还有段距离，但张幼仪毕竟也是接受过新式教育的。1912年7月，张幼仪开始在苏州的“江苏省立第二女子师范学校”读书。无奈学业只坚持了三年，就休学嫁给徐志摩了。

张幼仪的四哥张嘉璈在任浙江都督朱瑞的秘书时，在巡视学校工作时无意中发现了在杭州一中上学的徐志摩，并为他的才华折服，才有了把妹妹嫁给他的心思。据说徐志摩的父亲徐申如竭力撮合儿子和张家的婚事，强强联合的婚姻对徐家来说自然是求之不得的。

张幼仪就这样做了徐家的少奶奶，新婚燕尔的甜蜜还未细细体味，就要忍受分别的苦痛了，徐志摩要去美国求学了。她是一个温柔敦厚的女子，自然是深明大义的，不会因为儿女私情而影响丈夫的前程。

15岁的张幼仪只是个情窦初开的女子，在嫁给徐志摩之前，除了自己的兄弟和父亲，她甚至还没有接触过其他的男人，学校上的也是女校。家里给说的亲事她是断然不会反对的，再加上自己将来的丈夫徐志摩被四哥赞不绝口，亲见之后她也被风度翩翩的才子所吸引。

女人的爱情总是比男人容易，尤其是像张幼仪这样的女人，沉默、隐忍、规矩……一旦爱了，她们便难有改弦易张的可能了。认定一个人，就是要厮守到老的，这样的女子如果遇到的是一个不通文艺的烟火丈夫，反倒会收获终生的幸福。但她遇到的恰恰是徐志摩这样一个拥有浪漫情怀的诗人。

文艺而多情的徐志摩是不会喜欢顺从的张幼仪的。因为那时这样的女子，从不懂得如何恰如其分地掀起男人心中的波澜，她们以为完全地付出和成全便能花好月圆，她们的爱情表达方式从来都是朴实厚道。

在婚后不久张幼仪就生下了她和徐志摩的第一个孩子，远渡重洋的丈夫让她体尝相思之苦，幸而有承欢膝下的儿子带来欢声笑语，加之徐家父母对张幼仪这个儿媳妇向来满意，这些都稍许减轻了几分张幼仪心中的苦闷。

相信如果没有二哥张君劢写给徐志摩的信，张幼仪还会遵从妇道地独守空闺，一直熬到徐志摩回国为止。张君劢的信中自是表达了自己妹妹一个人在徐家的辛苦，望夫妇早日团聚之类的话。

张幼仪的娘家人就这样把张幼仪送到了远在欧洲的徐志摩身边。

“我斜倚着尾甲板，不耐烦地等着上岸，然后看到徐志摩站在东张西望的人群里。就在这时候，我的心凉了一大截。他穿着一件瘦长的黑色毛大衣，脖子上围了条白丝巾。虽然我从没看过他穿西装的样子，可是我晓得那是他。他的态度我一眼就看得出来，不会搞错的，因为他是那堆接船的人当中唯一露出不想到那儿表情的人。”

当张幼仪怀着急切的心情想要早点见到徐志摩的时候，得来的却是对方最冷漠的回应。张幼仪也是痴人一个，明知道徐志摩的心从不在自己身上，却偏偏还要心存幻想。

爱情中痴心与否，本不与性别相关，男人若是一心一意也能做到骨子里去。但女人的痴情更有种飞蛾扑火的悲剧感，让人怜惜、痛心。相反，若是不爱，男人倒是比女人做得决绝，横眉冷对，无动于衷。

徐志摩看着依旧“一身土气”的张幼仪，虽然她为了见他已经是盛装打扮了，但他眼神中的嫌弃却难以掩饰。他于是带她去百货公司购物，买了很多外国人穿的流行衣服，徐志摩喜欢，张幼仪便全盘接受。

想到张爱玲当年倾心胡兰成时留下的那句名言：见了他，她变得很低很低，低到尘埃里，但她心里是欢喜的，从尘埃里开出花来。

纵使骄傲如张爱玲，在爱情面前也情愿选择一种卑微的姿态，没有别的原因，只是因为爱罢了。张幼仪也是如此。但二人的归宿却惊人地一致，都事与愿违地失去了那心中挚爱的男人。

在异国生活还没有多久，徐志摩就向已经有两个月身孕的张幼仪提出了离婚。本以为像张幼仪这样温厚老实的妇道人家，或许会用软弱来博得丈夫同情，或者干脆用徐志摩的父母当挡箭牌，以保卫自己危如累卵的婚姻。却不想她毅然同意了徐志摩的离婚请求。那时候，徐志摩已经结识林徽因，而且对那个秀外慧中的女子颇有好感，张幼仪尽管痛苦，也还是选择了成全。

在二人的离婚事宜办妥后，徐志摩来到医院看望小儿子彼得，他如一个新奇的大孩子，把脸贴在玻璃窗上，看得神魂颠倒，像是在欣赏一件绝妙的艺术品。却只字未提张幼仪以后的生活问题。

徐志摩的担当和责任似乎都被这来之不易的婚姻自由冲淡了。张幼仪便开始了一个人的独立生活，幸而有亲人的庇护，不然一个语言不通的单身女人，还带着幼小的孩子，怎么能够在异国独自生活呢？张幼仪向自己在巴黎的二哥张君励求救，在二哥的帮助下，照顾幼子，并入裴斯塔洛齐学院攻读幼儿教育。

张幼仪的坚强给女人们树立了榜样，没有男人宽阔的肩膀依靠，女人们依旧也能活出自我。在爱情中，卑微并不能让女人得到男人的疼惜，相反，只会让原本相爱的变得不爱，原本不爱的转而厌弃了。

如果说当年张幼仪待字闺中的时候曾经学习过所谓的新式教育，那只能说是浅尝辄止的尝试，对张家人来说，反正她迟早是要嫁人的，学习多少新鲜东西，视野如何，本就无关紧要的。嫁得好似乎成为了女人谋求好出路的一种方式。

殊不知，嫁得好不好实在难以量化并加以判断、衡量，婚姻本就是如人饮水的事情，好不好只有当事人知道。况且就算嫁得如意郎君，也难保会一生幸福，人心变换、感情变化从来不是什么奇怪的事情。但有一点可以确定：将一生幸福系于一个男人身上的女人，终归是会走向不幸的。

幸运的是，张幼仪如涅槃的凤凰，从这不幸中成长，最终实现了人生的华丽蜕变。

尽管这蜕变中还要伴随着一抹最沉痛的伤痕，1925年，3岁的小儿子彼得死于腹膜炎。悲痛欲绝的张幼仪失去了在异国与自己相依为命的儿子，内心的伤痛可以想象。幸而已经经历过失婚的痛苦了，加之其隐忍个性中自有的一份坚强，张幼仪挺过来了。

1926年，张幼仪回到了上海。

接下来她做的一系列的事情，都远远超出了一个离异女人的责任范围了。

先是徐家父母出于对张幼仪的愧疚，坚持认张幼仪为干女儿。两位老人本是出于好意，却不想这好意恰是对张幼仪更深的伤害。虽然离婚了，她还是爱着徐志摩的，如果能避而远之也许能冲淡心中的痛。但徐家二老的认亲却让她的生活无法摆脱徐志摩的阴影，徐志摩发生了什么，她想不知道都难。当然，这也是一个愿打一个愿挨，张幼仪若拒绝，徐家二老也不会强人所难。

说到底，这是她为着心中那份爱，终身与“徐志摩”这个名字纠缠不清。

张幼仪甚至和八弟、徐志摩一起合开了一家名为云裳的服装公司，由她出任总经理。张幼仪的经商能力得到了彰显。她还是当时上海女子商业储蓄银行副总裁。这样的一个商界女强人形象，谁会想到她就是当年那个唯徐志摩马首是瞻、毫无主见、委曲求全的小女人。

时过境迁，张幼仪和徐志摩的关系反倒得到了改善，徐志摩提到自己的前妻，字里行间都是钦佩之意，张幼仪再难以觅寻到当年徐志摩眼神中常常流露出的鄙夷和不情愿了。能够在离婚后仍能友好往来的怨偶，即使是现在也是来之不易的。

在得知徐志摩飞机遇难的消息后，徐志摩的妻子陆小曼难以接受事实，将报信的人赶走了。报信的人无奈只得来找他的前妻张幼仪，张幼仪将徐志摩的身后事处理得妥帖得当。离了婚还能够做到如此的女人实在少见。甚至，她替徐志摩完成了作为一个儿子的责任，为徐家二老养老送终。

1953年，50多岁的张幼仪在香港准备与邻居中医苏纪之结婚。婚前，她曾经写信征求远在美国的儿子徐积锴的意见。

“母孀居守节，逾三十年，生我抚我，鞠我育我……综母生平，殊少欢愉，母职已尽，母心宜慰，谁慰母氏？谁伴母氏？母如得人，儿请父事。”

张幼仪在儿子情真意切的祝福中走入了第二次婚姻，收获了晚年平稳和顺的人生，活到80多岁才去世。

细数和徐志摩相关的三个女人，林徽因秀外慧中，陆小曼风姿绰约，张幼仪则温柔端庄。每个女人都因着自己独特的性格而经历了不一样的人生，张幼仪是徐志摩唯一不爱的女人，经历了最痛苦的婚姻生活。如若她在失婚后放任自流、自暴自弃，也不会有后来的人生辉煌。

可见，美好的生活从来不是施予，而是主动抓住，活出自己的精彩。将有关前男友的记忆抹掉吧，若想要继续做朋友，也只是因为：我爱你，与你无关，尽管这爱情苦痛，我情愿自食苦果。

陆小曼：泪眼婆娑，遥望逝去的方向

从心底里，一直相信，真正的爱情是两颗心不自觉靠近时的悸动。无论家境、地位、身份或才华，在爱的国度里，人们前所未有地平等。

如《简爱》中女主人公简爱的那段经典对白："你以为，就因为我贫穷、低微、不美、矮小，我就没有灵魂，也没有心吗？——你错了！我跟你一样有灵魂——也同样有一颗心!"

夏洛蒂·勃朗特怎么也不会想到，自己笔下的简爱竟会成为后来女性主义者深情注目的对象。也绝对不会想到几百年后的东方国度里，会有现实版的京城名媛上演着如简爱般独立自由的浪漫爱情故事。

这故事的男主角正是将张幼仪的生活带入深渊的徐志摩，只是女主角并非是当年张幼仪口中徐志摩倾慕的林徽因，而是另一位思想更复杂、长相更漂亮、双脚完全自由的女士——以“南唐北陆”著称的北京名媛陆小曼。

按当下的流行词汇来解释，陆小曼是很多男人心中的“女神”。她不仅拥有姣好的面容、婀娜的身姿和良好的修养，更是一位才华横溢的女才子。

画家刘海粟这样评价陆小曼：“她的古文基础很好，写旧诗的绝句，清新俏丽，颇有明清诗人的特色；写文章，蕴藉婉约，很美，又无雕凿之气。她的工笔花卉和淡墨山水，颇见宋人院本的传统。而她写的新体小说，则诙谐直率。她爱读书，英法原文版小说，她读得很多。”

在法国北京圣心学堂接受过良好教育的陆小曼举止得体，言语温柔，却机敏果敢。这样一位精通多国语言、多才多艺的女子，还被赋予了美丽的外在，可以说是一个完美女人。

她不是养在深闺人未识的寻常大家闺秀，而是在那个中西方文化激烈碰撞融合的年代里，成为了一个社交明星。

作为家中唯一的孩子，陆小曼终没有辜负父母的苦心培养，成功被打造成了名媛中的名媛。后又在家人的安排下有了一段门当户对的婚姻。如果陆小曼的人生就这样继续下去，情节的发展应该是：夫妻和美，夫唱妇随，安稳终老。她的一生中都不会体会到白眼、非议、寂寥和痛苦了。

可能是骨子里的高傲所致吧，陆小曼偏偏不是安于现状的那种人，更何况丈夫王赓并不是她所钟爱的男子。

王赓的履历其实已经算是重量级的：毕业于清华大学，后留学普林斯顿大学，1915年获普林斯顿大学文学学士后，再入美国西点军校学习。

客观地说，他前途无量，是最适合与陆小曼结婚的人。从世俗的眼光来看，这样的人才配得上"名媛"。自古便有"英雄美人、才子佳人"的佳偶天成。

只是性情如火的陆小曼，怎么会愿意只充当一个男人装点门面的"花瓶"。何况她正值妙龄，和王赓结婚的时候不过19岁。少不谙事的陆小曼开始的时候是安于这场"父母之命"的婚姻的。只是无奈王赓和她的性情大相径庭，二人的婚姻生活充满了矛盾。陆小曼这样有灵性的女子，需要有一个敏感而细腻心思的男子才能懂得，王赓尽管接受过新式教育，却毕竟是个武将，难免粗枝大叶。再加上陆小曼因社交名媛的身份总难免出席各种公众场合，加之天生少束缚的个性，婚后并无收敛，王赓自然不甚其烦。

陆小曼的个性自然不会买王赓的账。但毕竟二人为夫妻关系，陆小曼终归要面对王赓。明明不爱一个男人，却要和他朝夕相处、同床共枕。在《哭摩》中，陆小曼这样描述自己在北平的生活：

“记得我在北平的时候，那时还没有人认识你，我是成天的过着那忍泪假笑的生活。我对人老含着一片至诚纯白的心而结果反遭不少人的讥诮，竟可以说没有一个人能明白我，能看透我的。”

这假面的生活何时才能结束？无聊的主妇生活，使她感到自己像一只美丽的金丝雀，被关在笼子中，没有自由。

直到她遇到了徐志摩，两颗同样寂寥而孤独的心一拍即合。徐志摩天才般的诗人热情滋养了陆小曼已渐枯竭的内心，陆小曼的美艳多才也让被林徽因拒绝的徐志摩重新燃起爱欲。两个文艺青年的爱情注定是浪漫梦幻，也是惊世骇俗的。

“我之甘冒世之不韪，竭全力以斗者，非特求免凶惨之苦痛，实求良心之安顿，求人格之确立，求灵魂之救度耳……”徐志摩在回复梁启超的一封信中，这样表达了自我的坚定追求。于是，坚决和张幼仪离婚的徐志摩决意寻觅真爱。本以为能够和在伦敦邂逅的林徽因有所发展，却不想早慧理智的林徽因选择了梁启超的儿子梁思成。

徐志摩离婚的部分原因便是因为邂逅了林徽因，明白了爱之神圣的真谛，才决意和旧式婚姻决裂，甚至不顾刚刚产子的张幼仪即将面临在异国漂泊的结局。

从这一点上看，徐志摩和陆小曼在相爱之前的人生轨迹是何其相似啊！二人都是在父母的安排下和一个不爱的人结婚，然后不痛不痒地生活了几年。直到真爱造访，才恍若晴天霹雳，顿悟到这么多年的人生是白白经历了，甚至都不曾体味过爱的悸动和疯狂。

既然与林徽因的恋情无果，徐志摩便不强求，生活总要继续。

这时候，苦闷的徐志摩在社交场合结识了传说中的“陆小曼”，那个胡适口中“旧北京一道不可不看的风景”。

擅长跳舞的陆小曼在舞池中摇曳多姿，如一朵热烈绽放的玫瑰花，徐志摩欣赏着陆小曼的舞姿，大为赞赏。经过几番交谈，更为陆小曼的才气所折服。徐志摩为遇到这样的奇女子而庆幸。失恋的苦闷也烟消云散了，无怪乎人们说治疗失恋的最好方式就是重新爱上一个人。

两个意气相投的人，就这样日渐有了好感，并产生了爱情。那时的王赓任职东北警察厅厅长，常常留陆小曼一个人在家。徐志摩便有更多的机会拜访。二人虽常常见面，也还是要写情书的。但毕竟陆小曼是有夫之妇，二人的情书都是用英文写的，陆小曼寄信的时候也从来都是自己亲自去邮寄。

陆小曼和林徽因是完全不同的人，林徽因理性自持，陆小曼却更加感性，活得张扬精彩。几乎可以这么说：徐志摩和陆小曼是相同的一类人，骨子里有着无限的浪漫主义精神，他们的爱情也是轰轰烈烈的。

感性至上又有独立意识的女人，都会听从灵魂的声音而做出人生的选择，她们只对自己的人生负责，丝毫不在意别人的想法，我行我素，潇洒自在。即便有苦痛，也情愿承受，只为自我的那份追求。不权衡利弊得失，只留一片赤子之心。

所以，当王赓气急败坏地拿枪指着陆小曼时，也无法改变陆小曼对徐志摩的深情。她执意要离婚，好换得自由身，追求真正的幸福生活。这情景和当年徐志摩的离婚如出一辙，只是徐志摩的对手是顺从的张幼仪，陆小曼的对手却是强势又被舆论同情的王赓。更何况徐志摩的父亲对儿子的离婚本就很气愤，加上要娶陆小曼这样一个女人，保守的徐父坚决反对。陆小曼的母亲也不想让女儿嫁给徐志摩。

好在有胡适的奔走和热心帮助，徐志摩和陆小曼才排除多方的压力最终走到了一起。

不少人对陆小曼和徐志摩的婚姻有所诟病，甚至包括当年陆小曼和徐志摩的证婚人梁启超，他在1926年徐、陆二人的婚礼现场留下了最另类的证婚词。

经历一番苦涩的等待和曲折的过程后，二人终于收获了甜蜜的爱情。

想到诗人聂鲁达的《一百首爱的十四行诗》，这写给挚爱的第三任妻子的情诗集，倒是表达了聂鲁达对爱情的独到理解：**爱情中并非全部都是浪漫和甜美，甚至还会带有苦涩的回忆，但这份爱却是能够对抗一切人世痛苦和艰辛的源泉所在。**

但二人的婚姻生活在经历过短暂的甜蜜之后，却在生活的现实面前无可避免地遇到了问题：陆小曼奢侈的生活方式让徐志摩不堪重负，3层楼的豪华住所每月要花掉100块银洋的租金，家里有司机、厨师、男仆、贴身丫鬟等一众仆人，跳舞、打牌、看戏更是陆小曼生活必不可少的部分。

经过了许多的波折与艰难才达到了结合的日子，你我那时快乐简直忘记了天有多高、地有多厚，也忘记了世界上有“忧愁”二字，快活的日子过得与飞一般快，谁知道不久我们又走进忧城。

很多人以此来质疑陆小曼，与“红颜祸水”无异，甚至徐志摩的很多好友将徐志摩的死怪在她的头上：如果不是她生活奢侈，徐志摩怎么会身兼数职、疲于奔命。

其实，陆小曼的生活方式是一个典型的上流社会太太的生活方式。她从出生开始，就从未吃过苦，一个含着金钥匙长大的人，你让她如何去经营、计算人生。和王赓的第一段婚姻中，她一如既往地享受人生，自然不会在和徐志摩的婚姻中有所收敛。她本是娇弱的花朵，需要细心呵护。

如果徐志摩没有因飞机失事丧生，或许徐志摩和陆小曼的婚姻会走向毁灭，也未可知。二人的性格都如浓烈的焰火，可以相拥取暖，但靠得太近，也可能有自焚的风险。

事实证明，婚姻的幸福并不是只有浓烈的爱就够了的。婚姻的真谛在于“经营”二字。但诗人徐志摩和社交名媛陆小曼偏偏都不是善于经营之人，他们只知道爱时便大声疾呼，不爱时便弃之如敝履。一生只追求自由独立的生活方式。

1931年11月19日，徐志摩搭乘的由南京北上的飞机失事，年仅34岁的徐志摩永远离开了这个世界。

如他那些飘逸灵动的诗歌给人的印象，徐志摩静静地走了，“挥一挥衣袖，不带走一片云彩”。

陆小曼悲痛欲绝，精神接近崩溃的边缘，在殡仪馆中数次哭晕，并坚持要去接徐志摩的遗体，在众人的苦苦劝说下才罢休。陆小曼本就体弱多病，徐志摩的去世更让她承受了精神上的折磨，加之徐志摩的朋友对她多有偏见，甚至在徐志摩去世后和她断绝了来往。

好在陆小曼向来特立独行，不太在乎外界对她的评价。但徐志摩的离去，确实彻彻底底地改变了她。她从此闭门谢客，淡出一切社交，终日素服，或许是对自己的惩罚吧。她戒掉了往日所有能引起欢悦的活动，开始潜心作画，整理徐志摩文集，她的生活从此孤独寂寥，直到去世。徐志摩成为她生命中唯一的亮色，她的生活平静如一潭死水。失去了挚爱的爱人，爱情便已不复存在了。继续爱情的方式便是在心中始终为对方留有一片天地，成全对方的期待，认真生活。

其实，她何尝糊涂度日过。只是她如一个被宠溺的孩子，单纯不谙世事，只以为有爱的人生便完满了，其他的都是多余的装饰。却不想，她轰轰烈烈的爱情故事成全了别人浪漫主义遐想的同时，她作为一个先驱者也毁于浪漫。婚姻生活的烟火气是她并不熟知的味道，她活在不食人间烟火的天籁中，也是一个精神的贵族。

女人啊，你要明白浪漫的奖赏和代价。

爱情和婚姻本不是一回事，死于婚姻的爱情随处可见，但拯救爱情的婚姻却很少存在。陆小曼以爱情的方式经营婚姻，她的才华、风韵和性情是爱情的缪斯。

/ 林徽因：减一分太短，增一分太长 /

“她是我一生中见过的最美丽、最有气质的女人。风华绝代，才华过人。”这句评价用在林徽因身上并不突兀，这位民国才女配得上这样的赞赏。只是这评价来自林徽因的丈夫梁思成的第二任妻子林洙，就不免让人心生好奇了。到底是怎样的一个女子，才能够让另一个女子放下嫉妒，发自内心地去欣赏对方的美丽呢？况且这两个女子都是同一个男人的妻子。

人们对林徽因的评价从来都是两极化的。男人们多倾向于将其供奉于神坛之上，认为这样的女人才称得上是“完美”，更会私下里艳羡梁思成的运气；女人们却往往略有微词，她们觉得林徽因有世故和过于理性的一面，总欠缺了几分可爱，甚至比不上真性情的陆小曼。

其实，林徽因从来不是一个完美到不食人间烟火的人，她就站在那里，思维敏捷，谈笑自若……男人们似乎更喜欢她，不然她的“太太书房”也不会招来那么多的有识之士、作家名流，人们就是喜欢林徽因这样的女子，兼具理性的思辨和感性的温柔。

她的爱情故事一直为人所津津乐道，媒体甚至不惜调动大众所有的情感去意淫一个三角恋的俗套故事：林徽因放弃徐志摩，投入梁思成的怀抱。

于是，林徽因的后代纷纷出来澄清，甚至因为一部电视剧《你是人间的四月天》而大动干戈。梁思成和林徽因的长女梁再冰甚至向媒体发表声明，明确表示母亲林徽因和徐志摩之间没有爱情，只有友情。

有关这样的解释无异于是给兴致勃勃地大众泼了一盆冷水。

若说徐、林、梁三人之间的三角恋有些夸张，但要是说徐志摩和林徽因之间全然没有爱意，倒也不能让人信服。

1920年，十几岁的林徽因有幸陪父亲游历欧洲，她当时的心情是异常兴奋和激动的。

从小到大，林徽因一直努力学习，在生活中也是表现得大方能干，是父亲最喜爱的孩子。与陆小曼毫不费力的童年幸福生活比起来，她的童年乃至后来生活的走向，很大程度上是自己努力的结果。

或许没有人会想到，从各个方面来看，几乎全优的林徽因居然有一个那么平庸的母亲。林徽因的父亲是进步青年，但却娶了个小作坊主的女儿何雪媛为侧室，想来也是为了传宗接代的原故。只是何雪媛生的两儿一女只有林徽因一个幸存了，加之她只是一个典型的旧时代妇女，身无长物，在林家的地位可想而知。如果林徽因成长为如母亲一样的旧式闺秀，恐怕中国历史上会少一位才女兼建筑师。

照顾弟妹、知书达理、操持家务、学习优秀、聪明伶俐……这样的孩子想不被家长喜欢都难。

正因为一直努力做一个好孩子，林徽因的父亲特意带她出来见见世面，而同年的其他女孩子或许连北京城都没有离开过，在家里做些女工，等待着不其然的“父母之命”，嫁给一个门当户对的男人，此生足矣。

在欧洲期间，林徽因认识了父亲的朋友徐志摩，从辈分上她甚至应称呼他为“叔叔”，而年长林徽因八岁的徐志摩也已经是一个孩子的父亲了。徐志摩才华横溢，和同样才思敏捷的林徽因自然是有说不完的话题，少女林徽因的见解令徐志摩大为赞赏，在聊不完的话题中，两个人渐渐有了友谊。

闲暇的时候，他们会去康河散步，谈天说地，多是些文艺、人生和理想的话题。徐志摩无可救药地爱上了这个聪慧的少女，甚至不惜和自己的妻子离婚。他以为只要离婚，就能够得到林徽因的爱，却不想他狂热的爱更多地是自己的一厢情愿。

林徽因定然是对徐志摩有好感的，他的才情和风度对少女林徽因的心有所触动也是正常。她也是孤独的，尽管有写作和读书来驱散孤独，但一个少女在异国难免心中落寞，她曾这样描述过自己当时的生活：

“我独自坐在一间顶大的书房里看雨，那是英国的不断的雨。我爸爸到瑞士国联开会去，我能在顶层楼嗅到下面厨房里炸牛腰子同洋咸肉的味道。到晚上又是在顶大的饭厅里(点着一盏顶暗的灯)独自坐着(垂着两条不着地的腿同刚刚垂肩的发辫)，一个人吃饭，一面咬着手指头哭——闷到实在不能不哭！”

所以，这个时候徐志摩的出现势必在她少女的心中掀起波澜。若是平常的少女，肯定招架不住徐志摩那炙热的爱恋。只是徐志摩遇到的是林徽因，那个敏感、早熟而聪慧的女子，怎么会让自己无端卷入和一个已婚男人的恋情中，只是因为那稍纵即逝的好感。

爱情固然美好，但若为了爱放弃原则、自由，并交付灵魂，这爱的代价未免太大。而为爱赴汤蹈火的女子，更多情况下只是在进行一场头脑中的爱情，她以为的与众不同的爱人也许只是福楼拜笔下的“包法利先生”。爱不该是引导人走向美好吗？而不是使人的生命走向一种急转直下的窘迫。

林徽因是断断不会去做破坏别人家庭的第三者的，况且她的道德感和正义感从不会允许她越雷池一步，她清楚自己的人格和操守重于头脑发热的喜欢。所以，她没有回应过徐志摩的爱。

她冷静得能够看穿自己，也看穿了徐志摩。据林徽因的儿子梁从诫回忆，林徽因曾这样描述徐志摩对她的爱：“徐志摩当时爱的并不是真正的我，而是他用诗人的浪漫情绪想象出来的林徽因，可我其实并不是他心目中所想的那样一个人。”

1928年3月，梁思成与林徽因在加拿大结婚，林徽因穿着自己设计的民族和古典味道浓厚的嫁衣走上了红地毯。

民国时候的婚姻也是宜中宜西的，但结婚旅行却是很时髦的。林徽因和梁思成的婚礼便赶了次时髦，只是不同于一般人结婚旅行更多是观光购物，林徽因和梁思成的结婚旅行却是观光兼学习的，而且是在梁思成父亲梁启超的精心安排下进行的。

实际上，早在二人订婚的时候，梁启超就为他们结婚和婚后的蜜月之旅做了周密计划和详细安排，路线包括希腊、意大利、法国、西班牙等极富文化底蕴并拥有独特建筑的城市。

两个人的爱情长跑终于修成正果，才女的爱情果真是不徐不疾的，她不会害怕失去，因为两个人的爱是基于共同的兴趣和日久生情的细水长流，理智如林徽因恰恰会选择这样的爱情。

那是林徽因回国不久的某一天，梁思成登门拜访。名为拜访，实际上是以一个求婚者的身份去探望的。

少时相识的二人倒也不陌生，尽管已经多年不见。林徽因已经出落成亭亭玉立的少女，梁思成也是颇有几分成熟的感觉了。两个人可以聊的东西很多，异国见闻、生活趣事，甚至理想追求。

如果没有梁思成晚年的回忆，谁也不会想到，是林徽因引导梁思成走向学建筑的道路的。

那时候，梁思成从林徽因口中得知她想要学建筑，那时候他甚至不知道什么是建筑，便请教林徽因。

林徽因谈到自己感兴趣的东西，滔滔不绝，讲到建筑学科特征，和自己挚爱的绘画和建筑的关联……

好女人总是男人的一所学校，能让男人从你身上学到很多东西，不同的思维的碰撞，情趣的陶冶，甚至她所给予你的爱都是会滋养人的，能让人的灵魂提到一个更新的高度。林徽因不是靠外在让男人们喜爱的，而更多的是因为那颗豁达、聪慧的心灵。

梁思成曾问过林徽因："有一句话，我只问这一次，以后都不会再问，为什么是我？"

林徽因答："答案很长，我得用一生去回答你，准备好听了吗？"

也只是聪慧如林徽因，才会有这样让人感动的应答，那是发自内心的真诚的爱呀！

爱的形式有很多种，有人喜欢让人窒息的如狂风暴雨的激情之爱，也有人乐于细水长流的举案齐眉之爱，更有人会安于苦苦守望、无怨无悔的爱。

林徽因和梁思成的爱是第二种，他们在婚后共同追求着建筑师的梦想，相扶相携，不管是在畅游欧洲的新婚甜蜜中，为科研不辞劳苦的奔波中，还是在战火连天岁月的苦难中，他们始终不离不弃，共同走过人生的无数个春秋。

从1930年到1945年这15年的时间，梁思成、林徽因共同走了中国的15个省，途径190多个县，考察测绘了近2738处中国古建筑物。林徽因不只是可远观而不可亵玩焉的白莲花，只保持漂亮的姿态，供人远远观赏。她更是能屈能伸，为了心中科研的理想，能吃苦，更有很强的意志力去坚持。这样的女子，真是世间少有。

花好月圆、共同逐梦终被无情的战火打断，抗日战争拉开帷幕，不久她所生活的北平也沦陷了。1940年，她随梁思成来到了四川宜宾附近的李庄，低矮破旧的农舍成了才女林徽因的避难所。

若不是赶上战乱，这个西南边陲的落魄小镇恐怕也不会迎来这么多的文化精英，俨然成为了一个小小的文化阵地。

林徽因并不嫌弃这小村子的简陋屋舍，能够在这烽火连天的年岁里有一个安静的角落得以栖居已属不易。她是大女子，怎么会拘泥于这样外在的东西，尽管为孩子缝缝补补、操持琐碎的家务浪费了她的才华和时间。甚至本就体弱的林徽因更是病痛缠身，极端恶劣的物质环境更加重了她的病情。可她就这样拖着病躯，照顾家人，并和丈夫梁思成一起钻研学术。这样坚韧的林徽因早已经从云端走到了人间，她不是不了解民生疾苦的，甚至她就切切实实体会过颠沛流离、物资匮乏、缠恋病榻的痛苦。

这样的林徽因，注定让人无法忘怀。无怪乎在她去世多年后，一直钟情于林徽因的金岳霖先生会念念不忘，他们之间的感情是友情，更类似爱情。

林徽因曾向丈夫梁思成坦言，自己同时爱上了两个人，所指的其中之一正是金岳霖。一个女子能做到如此襟怀坦荡，是不可思议的。梁思成也不愧是梁思成，他表示林徽因能够自由选择心中所爱。金岳霖因梁思成对林徽因高尚的爱，也放弃了林徽因。

但金岳霖却终身未娶，与林徽因夫妇做了一辈子的朋友，甚至在林徽因死后，梁思成再娶的情况下，依然在心中怀念着林徽因，惦念着林徽因的生日，邀来一众好友为一个逝去之人庆生。

/

关于林徽因的故事还有很多很多，包括她作为一个知识分子的操守和正直，甚至为保护古建筑敢于和当时的北京市长吴晗叫板。

做女人当如是，此生便无憾了。

女人们不只是在爱情中，在林徽因的一颦一笑和一举一动中都会受益匪浅吧。

这样一个完美的人，也是谈得来理想人生，受得住艰辛苦痛，做得出妙手文章……不是每个女人都能够如此出色。林徽因也并不是毫无瑕疵，但她瑕不掩瑜。一个女人，值得爱，也值得被爱，便不枉此生了。

/ 张爱玲：刻骨苍凉与谁讲 /

年轻的时候，总是渴望自由，能够按照自己的想法过生活，稍许为世俗所困，被迫遵守些规则，便觉得人生是要绝望到骨子里去了。

当我问起一个多年未见的朋友，近来如何时，她只是摇摇头苦笑，嘴唇半闭着，苍白的脸上没有丝毫的神采。当年那个意气风发的姑娘早已随逝去的岁月消散了。那时候，高挑、漂亮的她自由地寻觅真爱，甚至不惜与某个已婚的男士陷入爱恋纠纷，最终却是无果而终。她赔上了青春，也赔上了真爱和对生活的激情。

爱情的终局有时候并不是事关重大的。但若是遇上执拗之人，一份无果之爱的伤害甚于砒霜。不是因为付出和得到的换算，而只是因为曾经以为的地老天荒、天下无双，事实证明也不过是别人眼中看惯了的风景。在爱情中，你与凡夫俗子无异。尽管你向来都是高昂着骄傲的头，以特立独行的姿态和世人保持距离。

掀开人生华丽的锦袍，呈现于眼前的不过是几分心酸无奈，几分唏嘘感慨……

张爱玲的荒凉之笔亦如是。

那个有关白玫瑰、红玫瑰与女人的比喻，一语道破了多少男人心中的贪念。

在二十世纪三四十年代那个特殊的抗战背景下，家国存亡，极少有人关注十里洋场男女欢爱中的世俗众生相。但世俗而精致的地道的海派风味，加之张爱玲特有的苍凉笔触，精雕细琢的绝美文字，直抵人心的灵魂解剖。张爱玲成为上海文坛风头正劲的作家。果真应了张爱玲本人的那句话“出名要趁早”，不过20多岁的她已经体验了人生到达巅峰的感觉。

这个天才女作家不但才华横溢，更是系出名门，大家小姐，旁人想象的张爱玲该是一个集万千恩宠于一身的幸运儿。却不知，她本人的悲观厌世的性格正合了她作品所传达的“苍凉”之感。从出生到死亡，她都是一个荒凉手势的化身。

张爱玲优渥的家庭环境自不必说，稍微有些了解的人都会知道，祖母是李鸿章的长女，父亲张志沂是清末重臣张佩纶的儿子，母亲黄逸梵是清末长江七省水师提督黄翼升之女，就连后来的继母孙用蕃也是北洋政府国务总理孙宝琦的女儿。张爱玲是一个不折不扣的富二代。按说这样的家庭环境必然会富养出一个如公主一样的女儿，却不想张爱玲的童年记忆却是满目疮痍、充满黑暗。

在张爱玲只有四岁的时候，母亲黄逸梵就甩着自己的缠足小脚去了欧洲，名义上是陪小姑子张茂渊去读书，实际上是那颗叛逆心灵的自主追求。虽然她接受的是旧式教育，却因自由的天性而如脱缰的野马，难以驾驭。在她整个的一生中，从一个地方走到另一个地方成为了她生活的常态，如张爱玲所描述的母亲：踏着这双三寸金莲横跨两个时代。

张爱玲的父亲是孱弱的，前清遗老的少爷，仗着祖上的福荫而得以衣食无忧，沉溺于抽大烟，是个软弱温吞的东方男子。他爱妻子黄逸梵，却又不知道该如何去爱。顺从妻子的天性任她去追逐自由，却使本来也算相敬如宾的夫妻渐行渐远，最终迎接他的是：接受西方文化影响的妻子，抛弃了他这个代表东方没落文化的昔日贵族。

张爱玲的童年生活就是在这样的父母身边度过的。少时母亲离家，父亲则整日浑浑噩噩、醉生梦死。

陈腐的父亲和自由的母亲，这大概是天底下最同床异梦的父母了。

从张爱玲的文字中，大概能感觉到她对父亲的厌恶甚于母亲，甚至在公开发表的文章《私语》中揭露父亲对其施暴的经历。

张爱玲的父亲分明是个不合时宜的世家少爷，有些被时代抛弃的零余人的味道，他的思考方式和行为方式似乎都与时代格格不入。他也曾试图去融入，适应时代的步伐，出外谋生，曾在铁路局和银行做过英文秘书。但或因为生活放荡的坏名声没了差事，或因太在乎名声而主动请辞。

然而张爱玲又在被西化的母亲那里受到了潜移默化的影响。渐渐的，她和父亲渐行渐远，即使有无法阻隔的血脉亲情，但越发放浪形骸的父亲，是不大会引起张爱玲的爱的。

所以她才会在作品中写尽各种没落或者悲哀的故事。甚至在《心经》中写了一对父女的禁忌之爱，却用的是一种清疏的笔触。她是有恋父情结的，因为童年父爱的缺失，让她容易钟情于成熟的男子。

张爱玲的糟糕父亲是一个悲悯的角色，但她的自由独立的母亲却也不见得尽到了为人母的责任。

尽管她为女儿接受新式教育立场坚定，拒绝给女儿缠足，让女儿学习才艺。但她在张爱玲的童年生活中却经常缺席，最终以离婚的方式彻底离开了自己的儿女。张爱玲不得不在继母的阴影下过着压抑的童年生活。

母亲灵魂的逍遥是以牺牲女儿的童年为代价的。世间的事也常常无法两全，一个尽职的好母亲却很少能成全内心的狂想，自由无拘；一个拥有自由灵魂的人却未必是一个道德完善的好人。

1957年，她在弥留之际曾写信给女儿张爱玲："我现在唯一的愿望就是见你一面。"

可惜，女儿以为这又是母亲的一次故技重施，不过是向她求助的方式，想来又是无钱看病了吧？于是她匆匆给她寄了一张一百美金的支票，可以想象黄逸梵收到支票时候的心情，是痛心吧？但这世界上从没有免费的午餐，不能做到尽职尽责的模范父母，就想拥有一个孝顺听话的孩子，也是痴人说梦了。

一个女人的一生最重要的两个男人：父亲和爱人。

张爱玲不合时宜的父亲给了她一颗敏感而傲娇的心，而爱人胡兰成尽管不是张爱玲一生中唯一的男人，却彻底地引发了傲慢的张爱玲低到尘埃的爱恋。

张爱玲和胡兰成相识于上海。那时候，她是当红女作家，人们竞相追捧，但张爱玲生性孤傲低调，不轻易见客，使其带有几分神秘的色彩。

在特殊封锁的时间里，孤男寡女的一场艳遇，封锁结束，艳遇戛然而止。

张爱玲笔下的《封锁》吸引了胡兰成的目光，胡兰成慕名拜访，张爱玲闭门谢客，张爱玲改变主意登门回访……

胡兰成和张爱玲的爱情故事就在这你来我往中悄然增长了，甚至没有太多的积累，爱情从来不需要累积的，更多的是一种感觉，在张爱玲这里，便是“懂得”。他说“因为相知，所以懂得”，她回应他“因为懂得，所以慈悲”。

于千万人之中遇见你所要遇见的人，于千万年之中，时间的无涯的荒野里，没有早一步，也没有晚一步，刚巧赶上了，没有别的话可说，唯有轻轻地问一声："噢，你也在这里？"

张爱玲的这句脍炙人口的名言正形容了那种默契，没有多余的言语，唯有淡淡的一句问候。在如宿命一般的邂逅中，电光石火的瞬间，浓情蜜意并不足以表达深情，说出那句平淡中蕴含惊喜的话，便足够了。

初见时，他曾说："你的身材这样高，这怎么可以？"原来，他第一次见她就已经有了感觉，是情不自禁吧，一个年近四十的男人才会突然说出这句话来。

他们相爱的时候，胡兰成是有家室的。

张爱玲正青春，才华横溢；他却苍老的如同她的父亲。在他眼中，她也确实像是一个小女孩，和自己年龄有些不符的幼稚。

她从不提及他的家室，也不关注旁人对他们爱情的议论。爱情从来不就是两个人的事情吗？

她在一封信中对胡兰成说："我想过，你将来就是在我这里来来去去亦可以。”

字里行间透露出的是宽容和自由的期许，她不想用爱来绑住一个男人，也没有奢求天长地久的幸福，只在当下的爱中兀自骄傲地盛开着。

但真爱终归迎来了归宿。胡兰成的妻子不久便与他提出了离婚，这是一个绝佳的机会，胡兰成可以和张爱玲结婚了。关于明媒正娶的婚姻和繁文缛节的程序，她不在意，于是他们婚姻的存在证明也只是一纸婚书了。若换了别的女人，恐怕会哭闹着名不正言不顺的关系。

“胡兰成与张爱玲签订终身，结为夫妇。愿使岁月静好，现世安稳。”前半句出自张爱玲，后半句来自胡兰成，相爱之人，珠联璧合，愿一切安好。

胡兰成也是真的付出了真情的，不然也不会在抗战时期的武汉街头，在空袭和警报频发的危急中，跌倒在地，只喊出一个名字：“爱玲！”

他很容易爱，更容易在爱中激情澎湃，只是少了几分忠贞和坚守。

男女之间的爱，哪里是客观公允的道理可以讲得清的。

每个人都拥有自由的灵魂和选择的权利，既然能够相爱，便也能够不爱了。爱与恨本就是一线之隔的事。通透的张爱玲自然明白这样的道理，所以，当她得知胡兰成另有新欢的时候，没有愤怒指责，更没有歇斯底里。

爱情中的对错，从来不以对方的感情是否变化为准的。你爱，对方不爱了，这是再正常不过的事情。只是胡兰成的变化太过彻底，已然是面目全非了。张爱玲当年没有经过法律程序结婚，是成全他的自由，是自诩自己的爱与众不同，却不想轻易就陷入了多角关系的庸俗中。

她无能为力，什么也做不了，如她笔下人物对人世荒芜痛彻心扉地顿悟。唯有平淡地去承受，但并不代表她内心没有掀起波澜，毕竟她是全然付出了真心去爱的。

先是护士周训德，现在又是一个范秀美。千里迢迢来见胡兰成的张爱玲心如死灰，她知道，是该为他们的恋情画上句号的时候了。

她这样对胡兰成说："我倘使不得不离开你，亦不致寻短见，亦不能够再爱别人，我将只是萎谢了。"

果真，她对他的爱如覆水难收了，她的旺盛的创作欲也一夜之间骤减，这个相处三年的男人却如此惊人地影响着她。

自此，二人偶有断断续续的书信往来，张爱玲曾在胡兰成困难的时候帮助过他。直到确认他没有因汉奸之名身处险境时，她才奉上了一封言辞坚定的诀别信：“我已经不喜欢你了，你是早已经不喜欢我的了。这次的决心，是我经过一年半的长时间考虑的。彼惟时以小吉故，不欲增加你的困难。你不要来寻我，即或写信来，我亦是不看的了。”

后来，张爱玲的恋父情结使她再次选择了一个老男人，这就是她的第二任丈夫赖雅，一个左派作家，二人相濡以沫，直到赖雅去世。

胡兰成和张爱玲成为了彼此生命中的过客。张爱玲最青春和浪漫的爱情都给了这个男人。

胡兰成在时隔多年后写了一本书，名为《今生今世》的自传作品，其中免不了对张爱玲的追忆，甚至成为了后人研究张爱玲的资料。

倾城之恋那样的爱果真是鲜有发生，若真的有那种爱恋，也是倾城之时，男人女人自感渺小，才唤起对爱的珍视。张爱玲的《倾城之恋》这样告诉读者。

二人的爱恨痴缠早已经融入了他们各自的文字中，成为后世永远的追忆。

/

女神的爱果真与众不同，有华丽的开篇和精彩的高潮，并绕开熟悉的大团圆结局。女人的爱因而被铭记，因这爱的缠绵悱恻，凄绝忧伤。但无论结局如何，女神总是告诉女人们，要做一个有尊严的爱人。不死缠烂打，能云淡风轻，这便是女神该有的姿态。

如果爱，请深爱；如果不爱，便请安静地离开，不留一丝眷恋。

苏青：真正的灵魂永远依傍着善良与爱

新媒体时代，手机党们总免不了要练就强大自控力才能淡定地不去刷屏。段子手们庆幸随时即兴创作的便利，得天独厚的微信朋友圈总少不了疑似心灵鸡汤的段子。虽说心灵鸡汤放之四海皆准却毫无实践的可操作性，但总能吸引女人们的目光。

如莎翁悲剧《哈姆雷特》中，王子哈姆雷特那句经典独白“脆弱啊，你的名字是女人”，脆弱的女人们喜欢倾诉，喜欢被关怀……所以有了情感作家这类“新生物”，“我爱问连岳”火了，治愈系悄无声息地占领了市场。

“我爱钱，因为钱可以得到一切，这是最高的目标。其次呢，是用权力来攫钱最便当。”“西施是经过吴王夫差的宠爱才成名的，不然只凭她一个老死芒萝村的乡下女人，还配这许多历代诗人替她歌颂吟咏吗？”

这些率直的文字，不矫情，又一针见血洞悉世事，竟是出自民国女作家苏青之手。原来，情感作家的鼻祖在此。

当年同样当红于上海滩的张爱玲曾给予苏青高度评价：“如果必须把女作者特别分作一栏来评论的话，那么，把我同冰心、白薇她们来比较，我实在不能引以为荣，只有和苏青相提并论我是甘心情愿的。”

想张爱玲高傲的姿态和永远扬起的下巴，更让人想要一探苏青此人的魅力。

胡兰成之于张爱玲，苏青之于李钦后。但较之张爱玲，命运似乎以一种更加残忍的方式对待她，消磨了人生最美好的十年光阴，生儿育女，操持家务，却还免不了最终糟糠之妻的结局。

苏青家的女人们，在她一路成长的过程中早已向她亲身示范了如何面对“人渣”丈夫，如何端着姿态，做一个贤妻良母。

苏青的外婆因为外公的出轨而痛苦不堪，却在痛苦之余强作镇定，默默吞咽苦果，甚至打算帮外公迎娶外边的女人。

苏青的母亲尽管接受过高等教育，却对吃、喝、赌的父亲忍气吞声，只管做自己的贤妻良母，似乎丈夫的放荡与自己无关。

若说爱情，似乎算不上，因为那时的女性多是接受家庭包办的婚姻，找一个门当户对的男人就嫁了。但女人们似乎又是多情而钟情的，一旦嫁给了某个男人，就真的当他是此生唯一的爱人去珍视了。

向来性格单纯的苏青更是理想主义的女子。这便注定了她飞蛾扑火的热情和注定失败的命运。她对婚姻的憧憬再寻常不过，单纯而美好：

丈夫要有男子气概，不是小白脸；人是有架子的，即使官派一点也不妨，哪怕还有点落拓不羁。

“他们住在自己的房子里常常请客，来往的朋友都是谈得来的，女朋友当然也很多，不过都是年纪比她略大两岁，容貌比她略微差一点的，免得麻烦。丈夫的职业性质是常常要有短期的旅行的，那么家庭生活也不至于太刻板无变化。丈夫不在的时候她可以匀出时间来应酬女朋友（因为到底还是不放心）。偶尔生一场病，朋友都来慰问，带了吃的来，还有花，电话铃声不断。”

这是张爱玲在《我看苏青》中转述的苏青本人理想的生活。

苏青的丈夫李钦后是她在中山公学时的同窗，按现在的标准来看是高富帅了，嫁给他应该不算是一件太坏的事情。

却不想在婚礼当天苏青就发现了自己的新郎与别的女子相拥，更在新婚燕尔的甜蜜中，放下自己的娇妻，偷偷与表嫂幽会。

也许，他只是不爱吧，是无奈接受了这场旧式婚礼，心中早有伊人。

很快，苏青怀孕了。迎接小生命到来的喜悦，她带着外婆和母亲的经验之谈，相信着丈夫终会回心转意。

“一女二女尚可勉强，三女四女就够惹厌，倘使数量更在四之上，则为母者苦矣。”她深谙生儿育女的苦痛，更在重男轻女的婆家受尽白眼，只因为连续出生的四个女儿。尽管最后的第五个孩子是儿子，却也无力扭转粗暴的丈夫，爱着别的女人的丈夫对苏青一次次的伤害。

女人们总是心存幻想，非要粉身粹骨才真正明白那个男人不值得爱，更不值得死守婚姻的围城痛苦度日。幸亏李钦后的一记耳光，那是绝情丈夫的冷漠给读者带来了作家苏青。

“你也是知识分子，你为什么不自己去赚钱呢？”

伴随着丈夫的一记耳光，是这冷冰冰的话语。

她终于明白：他从来都是嫌弃她的，甚至不能容忍多承担些家庭的责任。

1943年，29岁的苏青主动提出离婚，结束了和李钦后十年的无望婚姻。一切的期望、失望、痛苦、折磨都烟消云散了。

在这一刻，她足够强大，如苦难中涅槃的凤凰，决意不再陷入无爱的婚姻，更不会试图为了家庭去爱一个人渣。女人，只有活出自己的精气神才不枉此生，也才能收获真正的爱情和幸福。

有趣的是，离婚的大龄女青年苏青所从事的职业便是情感作家，她的笔锋犀利，阅读之中更有分秒中取人性命的爽利，大胆而真实的话语也让她毁誉参半。纵使是当下，毒舌女并不是太招人喜爱的。

男人们总容不得太豪放的女人，尤其是苏青这样精明通透的女子，以一种特立独行的姿态令人们对她又爱又恨，甚至有人认为她应该退出文坛，类似今天的某某滚出某圈的句式。

没有了婚姻的束缚，苏青本来的性格似乎在一点点地还原，真正成为了她自己。这个宁波出生的女人，在自己的写作中有一种爽利的宁波文风，生活中也是泼辣的性格：精明能计算，却不世故。无怪乎当时就有人以危月燕的笔名在《社会日报》上发表了一篇名为《与苏青谈经商术》的文章，作者不无嘲讽地说苏青作为一个宁波女人，比男人还厉害。

她确实是厉害的。

早在1935年，为抒发产女的苦闷之情，她就写了一篇名为《产女》的散文，并得以在林语堂主办的《论语》杂志发表。从此，她便踏上了创作之路。离婚后全无生活来源的她，要养活女儿和老母亲几口人，不得不以卖文为生，走上了专职作家之路。

只会写作的女人倒没什么稀奇，只是这宁波性格的苏青甚至能够亲自到马路上卖自己的书，与书报小贩讨价还价，绝不退让半步，泼辣大胆倒有几分新时代女性的味道。

那本让她大红的《结婚十年》是一部自传体的作品，是她十年一把辛酸泪的婚姻生活的极尽描摹。她敢于写自己，敢于抒发，从来都是以自己生活阅历和经验为出发点进行写作。具有讽刺意味的是，那段让她甘于平庸的婚姻倒成为她崛起文坛的代表作。

人说一个好女人是男人的学校，原来一个渣男也是女人的学校，女人能从他身上明白什么叫不爱，知晓爱情中的凉薄，而后更向往和珍惜爱情。

苏青在《归宿》中说："三十年后，青山常在，绿水常流，而我却魂归黄土……总有我的葬身之地吧。我将在墓碑上大书'文人苏青之墓'……什么地方是我的归宿？我真正的灵魂永远依傍着善良与爱。"

是啊，这个大胆说真话的女人，随心所欲活出自我的女人，是一个骨子里单纯的人。只有单纯的女人才会纠结于柴米油盐的小日子，才会因初婚而激动，因无爱而苦闷，因失去而感伤。

她们总是最感性的那一类女人。甚至明明是最在意烟火生活的小女人，希望过得妥帖安稳，却总是与安稳无缘。向来是因为个性中的不安分和对真性情的向往，注定这个女人的一生无法平凡。

罗曼蒂克的爱情之于文人，总免不了和写作有些关联，胡兰成因为一篇《封锁》钟情张爱玲，陈公博也因为一篇笔触犀利的散文《论离婚》欣赏苏青。

且不论陈公博的政治身份，与汉奸无涉。只是一个有权有势的老男人对一个年轻些的女人的喜爱，这感情有些微妙，如兄长之于妹妹，却又有几分牵挂。

单纯的苏青的那篇称赞陈公博鼻子的文章为人所诟病，她大概怎么也不会想到鼻子会有那么情色的含义吧。

他会特意打电话邀她作政府专员，三四百字的短信，却足足用了三四张信纸，足见这个男人心思的缜密和对苏青的重视。随信还奉上一张10万元的支票。这样慷慨豁达地对一个不太熟悉的人，让苏青受宠若惊。

第二天，她还是退回了支票，拒绝担任政府专员，倒是接受去做一名普通的文书。

刚刚离婚不久的苏青，为生计所迫，不得已接受了陈公博慷慨的帮助。纵然再单纯，她也是个能洞悉世事的聪明女人，自然明白这个男人对自己并不那么单纯的意思。加之工作关系二人得以同进同出，细水长流的日久生情自然发生了。

女人的爱情只有两种。一种是一见钟情的浪漫激情，另一种便是日久生情的细水长流。苏青这样受过婚姻伤害的女子，自然不敢轻易去爱，只是如一个小女人一般恣意享受着一个有能力的男人的呵护。这纵然有些自私，但感情上的事谁又能说得清呢？陈公博的一番努力也使伊人陪伴在侧，二人是一个愿打一个愿挨。

呼风唤雨的老男人一旦爱了，是想要为女人们创造一个世界的。只是这难免使老男人充满野心，而女人们却埋怨自己爱上了一个忙碌的官场人，纵然有爱情，却也是无处安放的。

一个真正想讲爱情的女子，决不会把做官的人看作对象，他的事情这样忙，行动这样不自由，都是恋爱过程中的致命伤。春天里蝴蝶儿蹁跃了，他在忙着接见宾客；秋叶月光如水般泄下来，他已疲惫地沉沉入睡了。你还能同他讲些什么呢？

这文字既是对自己短暂官场生活的抱怨，也有些暗指陈公博这样的男人爱起来太辛苦，最好还是不要爱的。

苏青既有此语，可见其内心还是对陈公博这样如兄长般的男人有过感情的。只是这感情因苏青的清醒更多时候是无言的。苏青一个旧时代的新女性终归是生活在旧时代的，对陈公博这样慷慨的爱慕者，内心是有感情的，只是更多的是感动和感激。况且陈公博那个厉害的妻子曾经以死相逼，只为了捍卫婚姻。苏青自不会让自己身陷这样麻烦的恋情中的。

聪明的女人不会陷入麻烦的恋情，会注意经营自己的事业。于是，在“做官”三个月后，苏青就辞职创办《天地》杂志去了，这是她这一生做的最重要的一件事。

她的《天地》杂志上刊登了如张爱玲般重量级作家的作品，还设有苏青的个人专栏，专为她与读者的互动沟通。她是当时上海街头寻常的职业女性，却有着不同凡响的对世事洞若观火的犀利，有能引起女性读者共鸣的真诚，总是热热闹闹雷厉风行地生活。似乎有能够看透一切的深邃和超然，却对自己的人生总免不了几分茫然不知。

她甚至在文字中自怨自艾："天下竟没有一个男人是属于我的。他们有妻、有孩子、有小小的温暖的家，他们也常来，同谈话同喝咖啡，也请我看戏，我恨他们，恨一切男人，他们不肯丢弃家，至少不肯为我而丢弃，我是一个如此不值得争取的无价值的女人吗？"

这个始终将家长里短、柴米油盐的小女子情怀诉诸笔端的作家，仍是那个单纯渴望爱情的女子，纵然现实总充满龌龊和不美好。

脆弱的女人也能强大到无坚不摧，只要内心怀抱着对真善美的憧憬，永远期待着美好的人生，那么你的人生轨迹便会朝着美好的方向一路高歌，即便结局并不完满，也算活得漂亮、活得洒脱。

丁　玲：你再亲亲我，我是爱你的

休息日约了朋友去咖啡馆小聚，因为在家也无事可做，于是就信步先去了咖啡馆。时值周六的上午，咖啡馆里的人不是很多，点了一杯卡布奇诺，然后上楼找位子等朋友。楼上的空间不算太大，除了刚去的我，还有两个女生正坐在靠窗的位置窃窃私语。这是两张初入社会的稚嫩面庞，因为空间不算很大，我所坐的位置能够隐隐约约听到她们的谈话内容。此时，两个姑娘正兴致勃勃地说着自己的理想、对未来和爱情的憧憬。未经世事的女孩子，大概都很向往纯粹美好的爱情，就犹如柏拉图一般无欲无求。这样的爱情纯净得不被世俗所沾染，甚至只停留在精神层面的交流，纯粹而唯美。听着她们对爱情的向往，不禁让我想起了那个在外人眼里惊世骇俗的女人——丁玲。

文学、爱情、政治这三个主题可以说是组成丁玲不凡一生的三大要素。丁玲生于富贵之家，是货真价实的含着金汤匙出生的孩子。丁玲有一个彪悍的母亲，她的性格也因此受到了很大的影响。父母对孩子的影响总是最大的也是最直接的，大抵每个人都是如此。

1924年的夏天，20岁的丁玲来到了北京求学。最初，丁玲是准备考美术学校的，因为这样就能与好友曹孟君（妇女运动领导者）一起住在一个补习学校里。刚到北京的丁玲没有熟人，就经常随曹孟君一起去曹的男朋友家作客。当一个名叫胡也频的男人与曹孟君的男朋友左恭相熟后，丁玲与胡也频的相遇就变得顺其自然了。

1925年的春天，对丁玲来说是一段艰难的日子。她先是报考艺术学校没有成功，之后没过多久又接到了亲弟弟夭折的消息。接二连三的打击令丁玲悲恸不已，好友曹孟君自然是不想丁玲一个人在家里胡思乱想，便与左恭办了个小型的家庭聚会，邀请丁玲去参加，一番苦心只是为了能够排解好友心中的烦闷与不安。而巧合的是，左恭邀请的人中也有胡也频。

胡也频到达聚会的时候，丁玲已经到了好一会儿了。当胡也频第一眼看到丁玲的时候就被她美丽的外表和忧伤的眼神吸引了。那是一种与平常定义不太一样的美，就像是盛开着的樱花在夜风中飘落一地，一种悲伤与美好混杂在一起的复杂情感。胡也频觉得自己一瞬间便被浸没在那种悲伤里，无论如何也挪不开自己的视线。他的心被一种感觉深深揪住，犹如平静的湖面突然泛起了涟漪，那水圈一点点扩大，最终泛滥了整个平静的湖面，他情不自禁地沉溺其中，被这种悲伤所感染。当时的丁玲正沉浸在痛失亲弟弟的悲伤与考试落榜的失落中，根本就没有在意这个比她还要小一岁的文艺青年丰富的内心世界。

考试失败后，丁玲还自己租了间小公寓，并找了个私人画室继续学习。似乎上天注定不让她走绘画这条艺术之路，由于种种原因，丁玲最终放弃了绘画。这种毫无希望的生活压抑了她很久，回想这几年在外面飘泊孤独的日子，想着逝去的朋友，远方的母亲以及早亡的弟弟，这些事情都让她不禁痛从悲中来。自从在聚会上结识了胡也频以后，丁玲那种孤独而悲伤的生活似乎得到了一些缓解，因为胡也频总是去找她，劝解她，鼓励她走出这段灰色的生活。丁玲的屋子位于某栋房子的一层，窗户很大，外面的墙壁上爬满了绿色的爬山虎。每次胡也频造访这间屋子，总是要先在窗外站一会儿，静静地看着丁玲在房间中的落寞身影，他发现这个忧郁的姑娘似乎总是在一个人孤独静思，眉宇间似乎总是隐藏着无以言表的愁与怨。丁玲的哀愁刺痛了胡也频的心，他暗暗发誓一定要给这个外表坚强却内心细腻的女子一生的呵护。

胡也频是个极富热情的文学青年，他不愿意看到自己心仪的女孩如此痛苦的挨过每一日，他要用自己的才华与真心走进这个哀伤女孩的内心。看着如此痛苦的丁玲，胡也频想到了一个安慰她的办法。他用一个大纸盒装满了黄色的玫瑰，并在花束的下面压了一张小小的字条“你一个新的弟弟所献”，并托人送到了丁玲的手上，借此表达自己的爱意以及对丁玲的安慰。当时的丁玲正处在极为苦闷的状态中，根本没有把这些情情爱爱的事情放在心上。绝望的日子压抑的丁玲几乎崩溃。恰巧这时王剑虹（瞿秋白夫人，丁玲在上海大学的挚友）和自己的父亲正准备回老家，就邀请丁玲一同返乡。深陷绝望与痛苦的丁玲就这样跟随挚友悄无声息地离开了北京，回到了常德老家。返乡的路上丁玲感慨万千，那些熟悉的景色依然一成不变，但是有的人却不在了。物是人非，这空落落的虚无感就像一块无形而又沉重的大石头，无时无刻不压抑在丁玲的心上。她知道自己此刻应该去往何处，她要去找自己的母亲，她需要母亲的怀抱与安全感，只有这样，才能让她躁郁的内心安定下来。

自从送完花以后，胡也频一直未得到丁玲的回音，他原本以为丁玲是因为什么事情给忽略了，结果却打听到了丁玲不辞而别回老家的消息。此时的胡也频再也按耐不住那颗慌乱的心，内心被一种冲动支配，他要去找她，不顾一切地去她所在的城市，哪怕只是远远地看上她一眼也好。于是，在某一个普通而又安静的夏日午后，丁玲家的平静被一阵急促的敲门声打破。丁玲与她的母亲听到门响，一同去开门，两人惊讶地注视着站在门口的那个穿着白色长衫的青年。丁玲的母亲诧异着，这是哪来的到访者；而丁玲意外的是，这个在北京结识时间不长，也没有什么深入交往的人为什么会突然远道而来，而这个青年除了随身的一套换洗衣服外，竟然什么随身行李都没有携带，风尘仆仆，身无分文，就连他乘坐的人力车车费都是丁玲的母亲代付的。原本长相清秀、文质彬彬的胡也频，由于旅途劳顿，表情显得十分狼狈，头发有点乱，白色的长衫上沾着不少尘土，胡须看样子也好久没有刮过了。胡也频这宛如爱情乞丐般的形象，让丁玲原本平静的内心泛起了一丝涟漪，她不再像之前那样对这个青年所做的一切不闻不问，相反的却感受到了一丝暖意在胸中涌动。胡也频对于自己的形象很是不好意思，却也只能是拼命用手简单打理自己的乱发，再顺便拍一拍长衫上的尘土，他窘迫的样子让丁玲忍不住笑了起来。

丁玲母女热情地招待了这位勇敢、执拗而又穷困的青年。也是从这时起，丁玲才开始了解胡也频，了解他苦难的家世和经历。在了解了胡也频以往的经历以后，丁玲决定给他一个机会，同时也是给自己一个机会。他们两个人决定远离喧嚣烦闷的城市，在常德寻了个僻静又隐秘的居所住了下来。不久之后，常德多数的大街小巷就印下了他们两人相伴同游的足迹。随着他们二人对彼此了解的深入，他们就越是亲近，也更加确定了对彼此的心意。他们有共同的理想与追求，对社会不公的鄙视与无奈，特别是两人都怀有漂泊于尘世的孤寂感，使两人的心越靠越近，渐渐地融合在一起。

宁静的常德，只是他们暂时的避风港，他们依旧是心怀抱负、有着远大志向的人。丁玲一直都是独立而且向往自由的，她原本想在离开常德回到北京之后就与胡也频分开。没想到的是，她与胡也频的关系遭到了很多人的非议，丁玲一气之下对胡也频说："好吧，我们就同居！"就这样，在1925年的秋天，在那个红叶飘曳的季节，他们开始了同居生活。但他们只是纯柏拉图式的同居，毫无肉体上的关系。

那时丁玲有一个女友，与她的丈夫同居四五年，直到他们二人双双病逝，两人依旧未曾有过夫妻之实，这让很多人觉得不可思议，丁玲却与人说，她相信并认为这种事情很平常。丁玲认为“很平常的事情”其实就发生在她与胡也频之间。她在给日本友人的信中曾说：“1925年暑假，胡也频到了湖南。我那时对恋爱毫无准备，也不愿意用恋爱或结婚羁绊我。我是一个要自由的人。但那时为环境所拘，只得和胡也频作伴回北平。本拟到北平后即分手，但却遭到友人误解和异议。我一生气，就说同居就同居吧，我们很能互相谅解和体贴，却实在没有发生夫妻关系。我那时就是那样认识的。我们彼此没有义务，完全可以自由。但事实慢慢变得似乎仍然应该要负一些道义上的责任。我后来认为那种想法是空想，不能单凭主观，1928年就决定和也频白首终身，断绝了保持自由的幻想。”

然而，沉浸在爱河中的两人渐渐地体会到了生活的艰难，他们意识到，要深爱，首先必须要先生活。为了每日三餐，柴米油盐，丁玲接了翻译小说的工作，贴补家用。同时，胡也频的作品也通过沈从文的介绍逐渐的在文坛上初露锋芒，在《现代评论》和《晨报副镌》上发表。胡也频对于文学的执着与勤奋成就了他日后在文坛上的地位，但当时稿费收入很是微薄，两人一直清贫度日。但是，就算是穷困潦倒的日子也不能遮掩丁玲与胡也频爱情生活的光彩。由于两人都不善理财，常常断粮，经常为了筹措伙食奔波，却总是走到筹借钱粮的半路就忘了原本的目的。比如有一次，两人由于贪恋天上新月的美丽，竟在玉泉山小河旁一直待到半夜。

在与胡也频同居的几年里，丁玲受到了胡也频在文学上的濡染，她也拿起笔来，写自己心情，写自己知道的人，知道的事。1927年12月，一篇《梦珂》发表在《小说月报》上，受到了当时《小说月报》的主编叶圣陶先生的赏识。1928年春天，丁玲又创作了《莎菲女士的日记》震惊了整个文坛。丁玲在文坛上的成就得到了胡也频的大力支持，他一个人全力承担下了两个人的生活负担，这给了丁玲极大的创作的空间。丁玲在她第一部小说集结的后记中写道："不敢说是便把来献给我的频……但为了他给我写这本书的动机和勇气，我愿做为了我另外的一部分，在频的心上，是奢望盘据一个地位的。"

两个人在文学道路上共同进步着，他们的稿费也随之增多。两人打算积攒积蓄一起到日本求学，便请了个日语家教。冯雪峰便以日语家教的身份出现在了丁玲的生活中。初见冯雪峰，丁玲对于这个其貌不扬的男家教没有什么感觉，但是经过日益的接触，冯雪峰的博学彻底征服了丁玲。对于丁玲来说，胡也频是一座可以融化她的火山，而冯雪峰则是一支射入她心中的丘比特之箭。丁玲第一次体会到了爱上一个人的滋味。

丁玲是个敢爱敢恨的女子，当她意识到自己对冯雪峰的感情时，便毫无保留地对冯雪峰和盘托出。面对这样一个美丽而又有才情的女子如此追求，冯雪峰怎么可能不动心？为了丁玲，冯雪峰放弃了去上海发展的准备，他决定留在北京。可是丁玲却不同意他这样做，她劝说冯雪峰去上海发展，而不是为了自己永远禁锢在北京这个城市。冯雪峰离开北京没多久，丁玲不甘相思之苦，追着冯雪峰去了上海。胡也频不放心丁玲一个人，于是也跟了去。三个人未在上海呆上很长时间，又一同去了杭州。

在杭州，三个人复杂的关系依旧是剪不断理还乱。丁玲一方面深爱着冯雪峰，一方面又放不下与胡也频那些相濡以沫的生活。而她也知道，胡也频是离不开他的，同时她也是离不开冯雪峰的。于是，丁玲提出了一个大胆的提议，三个人一起同居，继续过着柏拉图式的生活。但人始终是感情复杂的动物，并非用一两句话就能够描述得清楚，这样的同居生活没持续多长时间，就让三个人心力交瘁，最终，这段柏拉图般的三人爱情以冯雪峰的离开告终。面对冯的离开，丁玲用理智约束自己，故意与冯雪峰断绝了所有的联系，虽然她依旧爱着冯雪峰。多年过后，当丁玲再谈起这段感情时，她说："我有了一个'伟大的罗曼史'。"

也许每一个惊世骇俗的女子都要受到上天的拷炼，当她终于决定与胡也频白首终身的时候，厄运降临到了他们的头上。1931年1月17日，胡也频不幸被捕，于同年2月7日被残杀在上海龙华荒郊。胡也频的死，虽然没有打垮这个坚强的女人，却依旧令她心痛难当。曾有人问过丁玲，她最怀念的人是谁？丁玲回答说："我最纪念的是也频，而最怀念的是雪峰。"

在丁玲决定走出痛失爱侣的悲痛之时，却不知一个陌生的男人正带着一场噩梦向她走来。丁玲接受德国《法兰克福时报》记者史沫特莱的访问时，史沫特莱的翻译兼私人秘书冯达了解了这位青年女作家这几年来的遭遇。在他的眼里，丁玲是一个真实而伟大的女性，当她坦诚而动情的谈到自己的情感生活时，冯达的内心更是情不自禁地迸发出无限的柔情与怜惜。很快，冯达痴恋上了这个让他既敬佩又同情的女人。他时常去看望丁玲，陪伴她，安抚她，支持她，鼓励她。冯达的柔情帮助丁玲度过了那些难熬的日子，让丁玲再一次找到了可以让自己停靠的港湾。

有了冯达的陪伴，平静的日子仿佛涓涓溪流无声无息地流淌，一转眼就是几年。只可惜当时的局势依旧紧张。1933年5月的一天，冯达与丁玲一起被捕入狱，丁玲又一次经受了坎坷与痛苦的双重折磨。在监狱中的漫长岁月无时无刻不在折磨着丁玲早已脆弱不堪的神经，她坚持着、隐忍着，甚至还尝试过自杀，那是她人生中无比黑暗的一段岁月，也是在那个时候，她与冯达的女儿在狱中降生，但从那之后，她再也没有见到过冯达。

1937年2月，出狱后的丁玲来到了延安，就任中国文艺协会主任。在这里，遇到了她最后的良人。1937年6月18日，中国文艺协会举办了纪念高尔基逝世一周年活动晚会，其中引发高潮的节目是根据高尔基同名小说《母亲》改编的话剧。扮演主人公巴威尔（伯夏）的陈明引起了丁玲的注意。陈明眉目清秀，英俊潇洒，在他的身上，丁玲看到了胡也频的影子。随着抗日战争的全面爆发，陈明被举荐为西战团的宣传股长，与丁玲一起参加筹建工作。陈明的年轻潇洒又聪明能干，让丁玲越发觉得喜欢。很快的，陈明成了丁玲工作中不可缺少的左膀右臂。中年的丁玲性格变得成熟稳重，再也不似年轻时那般鲁莽急躁，她一点点地向陈明渗透着自己的爱意，最终俘获了这个年轻男子的心。陈明问丁玲："你为什么爱我？"丁玲回答他："和你在一起，我觉得自己变得年轻了！”

他们之间的关系，一直都是战地茶余饭后的话题。大家并不看好这一对恋人，无论是身份、资历还是年龄，他们都是不相配的。面对这段不被看好的恋情，丁玲的态度反而是随性的，她丰富而坎坷的人生经验教会她不要在乎别人的目光，但是陈明却倍感压力。为了逃离这份压力，陈明草草的与一名女演员恋爱结婚。本以为婚姻可以摆脱那些流言的烦恼，但陈明发现婚后的麻烦反而变得更多了。他并不爱这个女演员，他看到自己妻子的时候脑子里浮现的全都是丁玲的微笑，他总是恍惚的以为身边的女人其实就是丁玲，当看清楚之后又会觉得无比的失落与失望。而伴随着失望而来的，还有对自己妻子无比的歉疚。他知道自己依旧忘不了丁玲，每当他看到丁玲的强颜欢笑，甚至觉得自己的内心正在被生锈的刀片猛砍一般的钝痛。刹那间他如梦初醒，终于意识到自己做了一件多么愚蠢的事。

此时，陈明的妻子也察觉到他们的婚姻其实早已名存实亡，于是便对陈明说：“我们两个人都做了一件错事，我们来改正它吧。”他们平静地结束了这段错误而短暂的婚姻。1942年2月，在延安，苦恋了数年的他们终于修成了正果。那一年，丁玲38岁，陈明25岁。他们没有举行婚礼，只是手牵着手在延安街头上快乐地散步，虽然这是一场无比简陋的婚礼，但两人心中都洋溢着无限的幸福。

1986年3月4日，丁玲在生命的最后一刻，她向丈夫陈明倾诉了最后的爱意："你再亲亲我，我是爱你的。"这句话之后，丁玲又说了一句："你太苦了，我最不放心的就是你！"直到生命的尽头，丁玲依旧放不下她深爱的人。

丁玲这一生对爱情的追求，真的是精彩无比。试问自己，我不会有这种勇气，可以这样义无反顾地去追求爱情。女人就像一本无字天书，没人能猜透她们心中的想法，精彩与平静就要看自己是怎么过的。

爱情是自己争取来的，给自己一些勇气，不要让世俗的眼光与流言击溃你的勇气。勇往直前，去争取属于自己的幸福。

萧 红：苦难磨砺出来的馨香

前些天和朋友去电影院看许鞍华的《黄金时代》，三个小时的片长稍显沉闷，不同人物的对白穿插其间，看得出编剧对剧本试验的雄心，只是效果有些捉襟见肘，但勇气毕竟可嘉。

许鞍华的作品一如既往的服饰考究、场景漂亮，汤唯版的萧红虽不尽如人意，但我认为出身书香门第的汤唯身上毕竟有几分文艺女青年的气息。

朋友在观影的过程中一直沉默，突然开口说道，感觉上汤唯不像萧红。

我疑惑，追问原因。

她说，汤唯诠释的萧红过于隐忍，像是一个满腹委屈的小媳妇。

萧红在自己苦难过于繁多的人生中，究竟扮演了怎样的一个角色呢？许鞍华的理解可能是隐忍的豁达，朋友的理解可能更倾向反抗的叛逆。但无论如何，萧红的人生是无法越过困难的底色的。

提到萧红，很多人都会想到她那本以家乡呼兰河命名的自传体小说《呼兰河传》，萧红的笔调感性、细腻而生动，给读者以美妙的阅读体验。这片松花江畔的黑土地，吸引了一大批关内来客，不辞劳苦地闯关东，从此安居于此、静享天伦。萧红的祖辈便是从山东来东北扎根的，到她的祖父已经是第四辈人了。

萧红出生，作为张家的长女，她被取名廼莹，乳名荣华。

萧红9岁丧母，那个在她的文字中多作为陪衬出现的母亲，似乎并没有给幼小的萧红带来多大的伤痛，加之她本就年龄小，也不大能体会生离死别的绝望。她只记得父亲的严厉和继母的客气。这个严厉的父亲是她痛恨的，甚至被她称为“没有人性的”。

她人生中最明媚的时刻，恐怕是童年时刻和祖父无忧无虑的相处时光，在自然风光和祖孙情深中感受美好和自由。

“我家有一个大园子，这园子里蜂子、蝴蝶、蜻蜓、蚂蚱，样样都有。蝴蝶有白蝴蝶、黄蝴蝶。这些蝴蝶极小，不太好看。好看的是大红蝴蝶，满身带着金粉。蜻蜓是金的，蚂蚱是绿的，蜂子则嗡嗡地飞着，满身绒毛，落到一朵花上，胖圆圆的就跟一个小毛球似的不动了。”

祖父在永恒的阳光下慈爱的笑容在她幼小的心灵里生根发芽。像园子里其他的小生灵一样，小萧红是自由的、快乐的。

萧红晚上害怕上茅厕，要继母陪自己去，继母不去，父亲问她“有什么可怕的”，没有人愿意在月黑风高的夜晚陪着她。只有祖父，分明已经睡下了，却还是强忍着困意起身，打着赤脚，开着纽扣，陪着萧红一路到茅房去了。只是很小的生活细节，就足见祖父对萧红的疼爱。

无怪乎在祖父八十多岁高龄撒手人寰的时候，萧红内心悲痛不已，这伤痛甚至远远高于十年前的丧母之痛。母亲死了，她依旧能无忧无虑在园中玩耍，而祖父死了，她却只想饮酒，用祖父的酒杯，饮着失去祖父的悲伤。

从此以后，这世界便只剩下冰冷了。

小小女子在冰冷的世界里孑然独行，也是从此刻开始。她已做好准备去适应一个人的生活，倔强地走着自己选择的道路，之前父女间的不理解还是犹抱琵琶，而现在，倔强的萧红向冷酷的父亲正式宣战了。

卡夫卡一次次在自己的作品中表达对父权的反抗，而父权却如梦魇般难以摆脱。这一点，想必萧红是感同身受的，尤其在祖父去世后，她便在和父亲的对抗中维系着和家族的唯一联系。

父亲反对萧红读高中是父女关系的第一次僵局，甚至萧红卧床不起都无法动摇父亲冰冷的心，乡绅张廷举不能容忍女儿接受太多的新式教育，以致做出些不流于俗的事情来。直至萧红以出家做修女相威胁，才如愿进入了中学。

萧红却并没有因此摆脱家庭的控制，她还未中学毕业，就被父亲订了亲事。这分明是要她结束学业嫁人的前奏，却不想叛逆的萧红不顾家中的反对，从东北来到北平求学，追求独立的生活。

当一个人生于斯、长于斯的故乡再无可眷恋的时候，她也不会有夜晚望月怀远的忧伤，视线所及之处始终是到不了的远方。蹉跎的童年遭遇一个感性的魂灵，发酵而成的不就是纤纤笔尖下的字字珠玑。

在那个新式思想随风默默潜入年轻人心间的年代，追求独立和自由的生活成为了时髦。纵然是生活在东北小城的萧红也难以豁免，在行动上赶上了进步新青年的时尚，远走他乡，只为梦想。只是，梦想的激情总是能击败理智的头脑，只靠自己的孱弱肩膀行走异乡的萧红，注定难以远行。

很快，一个人孤苦无依的生活，使年幼的萧红备感力不从心，她轻易地便和从老家追来的未婚夫汪恩甲开始同居生活。今日的女人们或许会嘲笑萧红的软弱和妥协，分明是自己当初信誓旦旦否定的“父母之命，媒妁之言”，怎么就能轻易地妥协，甚至是以这样一种苟且的方式。倔强和叛逆的萧红，怎么会和自己一心逃离的婚姻妥协呢？只是年轻女子的软弱在作祟吧。张家早已经切断了对她的经济支持，她无法完成学业，而未婚夫又对他多有照顾，萧红向尘世的艰辛和软弱稍稍低了一下头，便令自己陷入了更深重的苦难中。

与汪恩甲共同居住在哈尔滨的那家小旅馆的萧红，身怀六甲，面带倦容。不能继续去做插班生了，只能在狭窄的小旅馆房间，望着天花板，百无聊赖。此时的他们，已经是身无分文了。汪家得知逃婚的萧红和汪恩甲在一起后，早已断了汪恩甲的经济来源。未婚夫说要去弄点钱，萧红点点头，但从此却再没有她肚子中孩子父亲的消息了。

男人的离去、待产的困境、贫穷的生活……萧红简直是重新诠释了民国版的“悲惨世界”。也只有如萧红般和苦难相遇，沉潜其中，吞咽苦痛后竟也能消化成一道满汉全席，生成对大千世界苦难的悲悯情怀。无怪乎鲁迅先生对萧红大加赞赏，惊叹这样一个大家小姐竟能在苦痛的人生底色中描摹中灵魂该有的样子。

萧红因为拖欠房租被扣留了，被困在小旅馆几平方米的阁楼里，旅馆老板甚至扬言要把她卖到妓院抵债。换了平常的小女子，大着肚子被男人抛弃，甚至要被抵债卖掉，不见得会有萧红的机智。她想到要给报社写信求助，这一求便真的求来了从天而降的“黑马王子”萧军。

在颇有几分大男子主义的萧军眼中，楚楚可怜而不乏才情的萧红是美丽的，而拯救萧红于水火的爱情是真挚而眩晕的。只是，潦倒如流浪汉的萧军根本没有钱，他能给的也只有爱情了。

萧红和萧军之间是真爱吗？或者是同情的因素多一些，或者更多是男女两性间荷尔蒙分泌的结果？一直寻找灵魂自由的萧红，肉体却总也无法安放于世。宽阔的肩膀和庇护的胸怀正是她所需要的。只能说，二萧的爱情是两个合适的人在对的时间对的地点的相遇。

爱情不就是这个样子吗？难道你真的相信一见便能钟情，再见便生死相依、不离不弃？感性冲动的好感从来就不能定义爱情。爱情是复杂的因缘聚会，是张爱玲笔下“原来你也在这里”的意外。

从1931年的相识到1936年的分道扬镳，二萧开始了长达六年患难与共、共同进退的人生。萧军既是萧红的恋人和守护者，也是带领她进入文坛的引路人。如果没有萧军这个男人，萧红也不会成为后来蜚声文坛的成功女作家。她苦难的人生终于稍稍尝到了些甜头，有一个可靠的男人可以依靠，有一个安静的角落可以写作。如果时间能定格在这几年时间里，也许萧红会多眷恋一会儿这虽不可爱却可亲的世界。

但生性粗犷的萧军却并不是理想的归宿，若是，她怎么会在上海文坛崭露头角不久便东渡日本，感情的伤害对女人而言是致命的，尤其是如萧红一样的女子，愁肠寸断，又如何下笔有神呢?

东渡日本后，萧红万万没想到，从此再没机会见自己崇拜的鲁迅先生了。临行前夕的日日叨扰，竟是二人共同拥有的最后回忆了。鲁迅先生是她精神上的父亲、文学道路的引路人，其重要程度不亚于祖父，只是重要的东西终究会失去，并在心灵上留下最痛苦的烙印。

个人的苦难之外，萧红的人生还掺杂了国家民族的苦痛。1937年抗日战争的爆发对中国文学界有很大震动，文人们也纷纷表达自己的政治立场，或投笔从戎，或以笔为枪。苍白的萧红在战乱中跟随萧军和一众文人们辗转各地，她别无所求，只希望能一直写作，表达自己。生性粗犷的萧军却情愿投身战场。

如一弯清泉般儒雅的端木蕻良闯入了二萧的感情世界，以一个崇拜者的目光仰视心中的才女萧红。渐渐的，这仰视些许转变成了浓浓的爱意。二萧此时却因为价值观的不同而越走越远，加之生性多情的萧军处处留情，这更加重了二萧的矛盾。

萧红在分歧、伤痛和家暴中告别了萧军。这场景似曾相识，许多年前，她也是怀着别的男人的孩子，投入了另一个男人的怀抱。她的人生像是一段相同影片反复地循环播放，是西西弗斯难以摆脱的宿命。

怀有男权思想的人或许会毫不客气地说，萧红的人生是一次次地“被破鞋”。从一个男人的怀抱到另一个人男人的怀抱，萧红给人一种总是离不开男人的印象。她不是一个女权主义者，也不是匍匐在男性脚下的弱女子，不过是拖着病体在这乱世浮沉，遇到些志趣相投的男子，便遂了自己的心。

萧红是苍白的、孱弱的、需要保护的，完全不同于她作品中对人情人性冷静地审视。丁玲就在自己的文字中这样描述萧红：习惯于粗犷的我，骤睹着她的苍白的脸，紧紧闭着的嘴唇，敏捷的动作和神经质的笑声，使我觉得很特别，而唤起许多回忆，但她的说话是自然而率真的。

小男人端木蕻良温润如玉，不似萧军一样粗犷，心思细腻，可以照顾萧红的情感。但有情无法饮水饱，和萧军比起来，端木毕竟少了些担当和气魄，无法给予脆弱的萧红应有的保护。

1938年8月，日军轰炸武汉，人们纷纷逃亡重庆。萧红一个人怀着孩子留在了重庆，端木蕻良先抵达重庆安排一切。换了萧军，即使是萧红再坚持，他也不会留她一个人在战火纷飞的城市。

后来萧红在香港住院期间，尽管端木既要为二人生计奔走，还要照顾萧红，可能自顾不暇。不可否认的是，端木并没有给予萧红很好的照顾，如果没有骆宾基的陪伴，萧红的晚景恐怕会更荒凉。

1942年1月22日，在红十字会在圣提士反设立的临时医院，红颜薄命的萧红终于结束了自己颠沛流离的苦难人生，享年31岁。

回顾萧红苦难的一生和她身边的几个男人，总难免唏嘘不已。她是体验过各种苦难的人：亲人的冷漠、困苦的求学、爱情的伤害、饥肠辘辘的贫穷、朝不保夕的逃亡……也只有经历过各式各样苦难的人，才会最充分地感受和书写苦难，从苦难中汲取养分。苦难成就了一个女作家，尽管她在生活中只是一个需要男人的小女人。

生逢乱世，萧红如抓住救命稻草般把握经历她人生的每一个男人，这是生于乱世中女子的不得已。但在作品中她又能够站在人性的高度刻写灵魂，得到鲁迅先生的肯定。这是她的矛盾之处，也是她一缕芳魂至今被人凭吊的原因所在。

人生在世，总难免遭遇各式各样的挫折，但若人生顺遂，事事如意，又如何能体会五味杂陈，深深活到骨子里面去。苦难并不是地狱，只有那些视苦难为洪水猛兽的懦夫才会万劫不复。萧红为所有的女人树立了榜样，苦难酝酿的芬芳格外沁人心脾，苦难是一笔昂贵的财富。

/ 蒋碧薇：爱情是杯尝不够的苦酒 /

一天与人相约一起去博物馆看展览，博物馆展出的是徐悲鸿的画展，当我与朋友走到一幅名为“蜜月”的油画前的时候，我看着画中甜蜜的两人不由得感慨万分。画中的女子便是蒋碧薇。蒋碧薇这一生，可以说是尝遍了爱情的酸甜苦辣，最终孑然一身，孤独离世，令世人唏嘘不已。

蒋碧薇1899年出生在江苏宜兴的一个世代望族的书香世家，原名蒋棠珍，自幼便跟随父亲读书，13岁的时候由家人做主与查家二公子查紫含定下婚事。因为徐悲鸿早年曾与蒋碧薇的伯父蒋兆兰和姐夫程博威一同在宜兴女子学校任教而与蒋家人相识。蒋碧薇时常会从长辈们口中听说徐悲鸿的一些奇闻轶事，心下便生出好奇之感。她第一次见到徐悲鸿是在蒋家的大厅，那次徐悲鸿是来家里拜访蒋碧薇的伯父蒋兆兰的，蒋碧薇借故路过大厅时，偷偷地看了他一眼。那时的蒋碧薇，只是出于对徐悲鸿的好奇，没有太多的情愫在里面，所以也没有留下什么深刻印象。

1916年，蒋碧薇18岁的时候，父亲蒋梅笙受邀到上海复旦大学当教授，一家人便来到上海。也是在这一年蒋碧薇与徐悲鸿正式有了交集。而后徐悲鸿来到上海发展，得知蒋梅笙一家也在上海，便登门拜访。蒋碧薇在听说了关于徐悲鸿的故事以后，便对这个男人产生了一种“钦佩和同情兼而有之的复杂感情”。

那时的蒋碧薇才18岁，刚到上海，面对着繁华梦幻的大都会，徐悲鸿这个同乡对她很有吸引力与安全感。而徐悲鸿的人品与才貌本就是极为出众的，也正因此，这样的徐悲鸿深得蒋父的赏识，蒋父十分笃信徐悲鸿是可造之材。于是蒋父总是与蒋母谈起徐悲鸿，而蒋碧薇则在一旁聚精会神地听着。

蒋母也很是欣赏这位温良可亲的男子。蒋父有一次当着蒋碧薇的面对蒋母慨叹：“要是我们再有一个女儿就好了。”蒋父对徐悲鸿的欣赏溢于言表。然而说者无心，听者有意，自从蒋碧薇听到父亲这样的感慨后，便在心中思量了起来，她认为，父亲是希望徐悲鸿这样才貌出众、画艺高超的人成为他的女婿的。徐悲鸿由于很受蒋父的赏识，所以经常出入蒋家，久而久之他便对蒋碧薇有了好感。徐悲鸿试着追求蒋碧薇，可蒋碧微是有婚约在身的待嫁之人，出于礼教的束缚，蒋碧薇并没有对徐悲鸿的倾慕做出过多的回应。两人只能感慨“恨不相逢未嫁时”。

可能是缘分使然，恰在此时，蒋碧薇的未婚夫查紫含，为了一次考试动了作弊的念头，这件事让蒋碧薇对查紫含的人品产生了怀疑，这也让她对这桩婚约越来越排斥。此事之后，蒋碧薇不再刻意回避徐悲鸿的示好。最后这个生长在封建家族的大家闺秀，抛开了世俗礼教，与徐悲鸿悄悄地恋爱起来。

在两人确定了彼此的心意以后，徐悲鸿私下里给她取了个名字叫“碧薇”，并找人刻了一对水晶戒指，一只上刻着“悲鸿”，另一只上镌着“碧薇”。徐悲鸿把“碧薇”的戒指整天带在手上，有人好奇便问他上面的字是什么意思，他总是得意地回答：“这是我未来太太的名字。”当别人追问他的太太是谁的时候，他总是留给别人一个神秘的笑容。如此浪漫的小物件儿，便是蒋碧薇与徐悲鸿的定情之物。

徐悲鸿不想再与蒋碧薇偷偷地来往，但是，有碍于两人的身份无法正式公开，于是他便筹划了一场私奔。那段时间徐悲鸿总是对外扬言说自己要去法国深造。几日后，一个名叫朱了洲的人，趁着蒋父蒋母不在家的时候到访了蒋家，他见到蒋碧薇以后，突如其来地问道："假如现在有一个人，想带你到外国，你去不去？"听到这句话的蒋碧薇，脑子里立刻浮现出徐悲鸿的身影，"一个人"和"外国"这些听上去充满了暗示味道的字眼，强烈地吸引着蒋碧薇的注意力。

她的心中暗潮汹涌澎湃，就像有一个人在她耳边响亮地喊叫，呐喊着告诉她："去吧，快去！你为什么不去？"蒋碧薇的思绪很混乱，因为她知道，去或是不去，都将会改变她未来的命运。她想与徐悲鸿长相厮守，可她又在害怕这样大胆的举动会造成怎样的后果，心中的天秤左右摇摆着。这时的朱了洲看出了蒋碧薇的心思，便低声地告诉她，这个人就是徐悲鸿，他最近要去留学，很想与你一起去。

蒋碧薇之前就听说过徐悲鸿要去法国，没想到徐悲鸿是要带她一起去。这突如其来的喜悦，使蒋碧薇心中的天平直接倾斜到了“去”的那一方。在朱了洲不断地催促下，蒋碧薇便不再犹豫地一口答应下来。在蒋碧薇答应与徐悲鸿一同出国的几日后，徐悲鸿悄然消失在人们的视野内，让所有人都以为他去了法国。

其实那时候的他还没有出境，而是隐居在康有为先生的家里，为蒋碧薇申请护照，办理出国相关的手续，那时徐悲鸿已经是康有为的弟子了。由于当时从上海到法国的航线不通，所以两人决定先到日本。当出国的事宜都办理妥当以后，5月13日晚，蒋碧薇趁着父母不在家便留书一封，离开家与徐悲鸿一同去了日本。

当徐悲鸿看到如约而至的蒋碧薇，不禁喜出望外，那一夜，徐悲鸿温柔地把刻着“碧薇”两字的戒指套在了蒋碧薇纤细的手指上，在明月的见证下徐悲鸿深情地向蒋碧薇郑重承诺，“从今以后，两人不离不弃。”由此“蒋堂珍”正式变成了“蒋碧薇”，两个人一起开始了全新的生活。

到了日本以后，日子过的很是清贫，但是有爱情的滋润，他们也不觉得有多辛苦。徐悲鸿到了日本，便不可自拔地喜欢上了日本的仿制原画，只要见到喜欢的，便毫不犹豫地买下来。而当时他们身上并没有太多的钱，即使蒋碧薇再怎么省吃俭用，这些钱还是不到半年就被花光了。

那时的徐悲鸿还没有在画坛上崭露头角，画出的画也鲜有人问津。没了经济来源的两个人，只能回国筹钱。当初离家出走的时候，蒋碧薇并没有想过自己居然会这样灰溜溜地回来，她觉得自己没有脸去面对父母和家人。但是为了丈夫和以后的生活，她不得不回家向父母求助。而两位老人也是极心疼女儿的，加之对于徐悲鸿的赏识，所以没有太过纠缠过去的那些事，更没有过多地为难他们。

1918年11月，徐悲鸿以官费生资格前往巴黎学习绘画，进了法国国立最高艺术学校。蒋碧薇则进了一家学习法语的学校，先学习法语。那段时间是两个人过的最为清苦，也是最为融洽的一段时间。蒋碧薇出身大家，身上时刻带着大家闺秀的气质，而且身材窈窕，芳华二十一对女子来说正是爱打扮的年龄。有一天，蒋碧薇路过一家商场，便被商场里的一件风衣吸引住了目光。她驻足良久，在老板的怂恿下试了衣服，很适合她的一件风衣，她很喜欢，可是因为徐悲鸿是以官费生资格出国留学的，两人本就没有多余的钱来买这些东西。于是她不好意思地脱下衣服，并抱歉地离开了那家商店。

从那以后，每当她路过那家店的时候她都会看一眼那件静静摆放在橱窗里的风衣。女人都是爱美的，但是蒋碧薇知道，囊中羞涩的他们，根本没有她任性花钱的资本。当徐悲鸿知道这件事以后，觉得自己没有尽到一个合格丈夫的责任，很是内疚。他知道，只有他努力地磨练画技，刻苦用功，才能让妻子过上幸福的生活。不久之后，徐悲鸿拿到了卖画所得的一千元，面对这笔钱，这个男人并没有想到是否要为自己添置一些绘画工具，而是急匆匆地赶到那家商场，买下了蒋碧薇心仪已久的那件风衣。蒋碧薇从没想过自己居然会获得一份如此意外的礼物，幸福地哭了出来。

那时候，男人都流行戴怀表，徐悲鸿肯定是舍不得买的，于是蒋碧薇就悄悄省下吃饭钱为丈夫买了一块怀表。当蒋碧薇把那块用数个月的饭钱积攒下来的沉甸甸的怀表捧在徐悲鸿眼前的时候，徐悲鸿满怀柔情的把蒋碧薇拥在了怀里，当他抱着她小小的身体的时候，心中翻涌着无限的温柔与怜爱。

直到徐悲鸿临去世之前，都一直珍藏着这块旧怀表，一刻都未曾离开身边。那份真挚的爱情，一直都在蒋碧薇的心里深埋着。穷困潦倒的生活，更加坚定了徐悲鸿继续深研绘画的决心，他的几乎所有的时间都用来研习画技，以至于后来冷落了妻子。这也为日后蒋碧薇与张道藩的一段情缘埋下了伏笔。

命运很多时候就是这样奇妙，明明两个人都是在为彼此着想，却正因为那些蒙着双眼的努力，才为日后彼此的过错留下了诱因。

1926年，徐悲鸿夫妇在中国驻德国公使馆的一次酒会上结交了青年画家张道藩。谁也没想到的是，这位英俊潇洒的青年画家，与蒋碧薇虽不为夫妻，却与之生死相许，谱写了一曲生死恋歌。在见到蒋碧薇第一眼的时候，张道藩就被她身上气质所吸引，可惜当时的蒋碧薇已嫁作他人妇。但感情的事情又岂是能够用理智或者一两句话就能够完全消除的？

张道藩决定不顾一切，向蒋碧薇投射爱神之箭。于是张道藩给蒋碧薇寄了一封长信。在信中，他把自己这一颗赤裸裸的爱慕之心呈现在蒋碧薇的面前。想到这几年丈夫潜心作画，对她的关爱日益淡薄，张道藩恰逢此时出现，又恰到好处的用高于徐悲鸿几倍的关怀填补着蒋碧薇的心，这令蒋碧薇心生迷茫。看着张道藩这份炽热的情感，她彷徨过，感怀过，也犹豫过。

但是，她又想到自己与徐悲鸿这几年点点滴滴的生活，想起他们那段几乎断粮的日子，他抱着她，没有吃饭，彼此用自己的体温为对方取暖的日子。终究理智战胜了一切，使她清醒了过来，于是下定决心关闭了对张道藩的感情闸门，婉拒了张道藩的示爱，让他忘记自己。

1927年10月，徐悲鸿携已有身孕的蒋碧薇一同回国。12月26日，他们的长子徐伯阳出生。徐伯阳的出生，带给了这个家庭新的希望，蒋碧薇把几乎把所有的精力都放在了孩子的身上，而徐悲鸿也十分钟爱这个孩子。当蒋碧薇以为，她终于能过上幸福快乐的生活时，没想到悲剧的序幕才刚刚拉开。

缘分就像是上帝的恶作剧，生活永远都是命运的导演。张道藩与蒋碧薇兜兜转转竟然在国内再次重逢了，那时的蒋碧薇已经有了两个孩子，而张道藩也已经成家。正在上海省亲的蒋碧薇接到了徐悲鸿的来信，信上说，如果她再不回南京，他就可能爱上别人了，于是蒋碧薇连夜赶回南京，到家后，徐悲鸿向她坦白，他的心在动摇，因为他喜欢上了自己的一个女学生。听到这个消息，蒋碧薇的世界顿时失去了阳光，变得漆黑一团。她只希望，徐悲鸿有一天会念及他们的过往以及他作为丈夫的责任从而迷途知返，可事实证明，心一旦失去了，美好的回忆也无法成为转身的理由。

最终蒋碧薇无法挽留住徐悲鸿，两人于1945年12月1日，在重庆沙坪坝重大教授宿舍签字离婚。

这段当时轰轰烈烈的婚姻居然会是这样的结局，不得不让人感到惋惜。

蒋碧薇对徐悲鸿的感情在我看来是至死之爱，她对徐悲鸿是妻子对丈夫的独占欲，她不能容忍徐悲鸿对自己不忠。跟所有的妻子一样，一旦发现，便严厉指责，苛刻要求，这种苛刻都是源于她作为妻子对丈夫徐悲鸿深切的爱，正所谓爱之深才会痛之切。而她对张道藩则宽容了许多，毕竟这个人并非自己的丈夫，那些艰难的岁月中并没有这个人的身影。

虽然张道藩曾经对她许诺，说当她60岁的时候就来娶她，可是真到了那一天的时候，张道藩并没有娶她，蒋碧薇的心中也不会泛起多么大的波澜，因为她对张道藩的感情并没有深沉到如此，所以她才能够淡然处之，不急不恼。蒋碧薇深爱着的人依旧是徐悲鸿，可是她不允许自己懦弱地承受爱人的任性以及由此所产生的诸多后果。

因此，当徐悲鸿与自己的那个女学生的恋情再无希望的时候，他又想回到蒋碧薇的身边。蒋碧薇只是淡淡地对他说："假如你和孙韵君（徐悲鸿的女学生）决裂，这个家的门随时向你敞开。但倘若是因为人家抛弃你，结婚了，或死了，你回到我这里，对不起，我绝不接收。"面对这样一个敢爱敢恨的女子，徐悲鸿的心中有愧，所以他最终还是选择了与蒋碧薇彻底分手，因为在他由于二次恋爱失败而想要重新回到妻子身边的时候，他就已经轻视了她，侮辱了她，也同时永远失去了她。

/

一个女子，就要活出自我来，不能做到特立独行，但至少要时刻提醒自己，有些事可以原谅，但有些事坚决不能妥协。一个没有自我的女人，注定是要失败的。在爱情面前女人都应该自私一些，这样对人对己都好。

/ 阮玲玉：人言汇成愁海，连心也埋 /

在当下这个浮华的世界，真爱难寻。最近因为闺蜜的感情问题，心中感慨颇多。感情这件事自古就没有对错之分，只能看对方是否真心。她刚刚结束十年的爱情长跑，起初，那个男人对她穷追不舍，用温柔攻陷了闺蜜的堡垒。但是多年的相处下来，不知是人的本性暴露，还是时间带来的性格变化，他们开始出现分歧、争吵，渐渐的，闺蜜感受不到了那份最初的温馨与甜蜜，两人渐行渐远。就在他们快要分手的那段时间里，闺蜜总会来找我哭诉，发泄她的压抑，感叹自己的遇人不淑。但还好最后她及时地逃离了这段令人神伤的感情，理智地没让自己越陷越深。

相较于闺蜜最后及时的醒悟，阮玲玉的香消玉殒真的让人无比的惋惜，每次想到她，心中总是隐隐作痛。那样一个纯真到让人心疼、一个美丽到让人倾慕的女子，却在一个如花的年纪，轻率地结束了自己的生命。

对于阮玲玉自杀的原因，有很多猜测。但无论真相是什么，我们相信，她大概是真的坚持不下去了，才会想到用死去解脱自己。人生如戏，阮玲玉这位影视红星的一生充满着戏剧性。阮玲玉原名叫阮凤根，虽然出身贫寒，但是她的父母对这个唯一的女儿一直都是疼爱有加。

小时候的小凤根聪慧伶俐，与同龄的女孩子一样活泼可爱，有着幸福的童年。但在小凤根六岁的时候，阮父的突然离世，着实给她带来了不小的打击。以前那个活泼小女孩变得异常的安静、懂事，一举一动都透露着与年龄不符的善解人意。《联华年鉴》中曾对阮玲玉这样评价：“秀丽颖慧，幽娴静默，自幼不喜与邻儿作浮跳之嬉，居恒静坐，或助母井臼，有洁癖，雅好修饰，一衣一履，必整洁称体，虽偶有补缀，而不能损其美好也。”不难看出，文中提及阮玲玉沉默寡言，安静恬淡，但与其说这种性格是天性使然，不如说是幼年的坎坷苦难使得年幼的她变得安静、沉默。

家里失去了顶梁柱对于一个无一技之长的家庭妇女来说无疑是致命的打击。但是，生活总要继续。起初阮母在一个外国人家做帮佣，但是对方要求不能带着家属入住，由于忍受不了与女儿的分别，阮母便辞掉了这份工作。后来，阮母终于找到了一家肯答应她带着女儿一起住的地方，这家雇主便是张家，阮母在挑选雇主的时候也不会想到，这个张家的小少爷以后会成为她女儿命运痛苦的开始。

1916年，7岁的阮玲玉随着母亲走进了张家的大门。与母亲住在张家的后院，平日里，主人很少来后院，而小凤根也很听母亲的话，从来没有去过前院，所以张家人基本上未见过阮玲玉。直到一天，张家四少爷张达民受母亲的催促来到后院厨房给她准备茶点，谁知刚进后院便看到在厨房边上帮妈妈淘米的小凤根，突然看到家中有这么一位秀气、可爱的小女孩儿，张达民不禁十分惊讶，于是便询问是谁的孩子，阮母急忙上前应答，并叫小凤根过来给张达民问好。

怯怯的小凤根小心翼翼地站到张达民面前，小声地说到："四少爷好！"张达民微笑着应着，心中便对这个胆小可爱的小女娃留下了印象。那一年，张达民13岁，阮玲玉7岁。两人初见，张达民留下一个温柔、和蔼的印象。

1917年，小凤根8岁。阮母不希望小凤根与她一样，阮母很明白，只有让女儿念书，才会有出头之日。阮母觉得凤根这个名字并不像女孩子的名字，于是给她改了个学名，叫阮玉英。这一年，阮母用在张府紧衣缩食攒下来的钱，先是送玉英去了张府附近的一家私塾。后来为了女儿能有更好的未来，又将玉英送到上海的西式崇德女校住读。在此期间，阮母怕玉英在学校受到歧视，便嘱咐玉英不要在学校提起她的母亲是个女佣。虽然在玉英的心里不觉得有个做女佣的母亲是什么不光彩的事情，但她还是谨记母亲的告诫，在学校从未向别人提及她的家世。

光阴似箭，转眼间玉英升入了崇德女校的初中部，此时的玉英已经出落得亭亭玉立。升入初中以后，玉英经常利用闲暇时间去张府看望阮母。即使离开张家大院多年，但每次回到那个地方，都会感到莫名的压抑。阮母也不想女儿被说三道四，便与女儿约在虹口的昆山花园见面。阮玲玉自从上学后极少去张府。

但是偶尔的露面还是让张达民把她的身影刻画在心里。张达民没想到当年那个用怯怯的眼光看着自己的小女孩儿，如今已出落得如此楚楚动人。从那以后，玉英的身影便在张达民的脑子里挥之不去。张达民想，他可能是爱上这个清纯的女学生了，而那时的张达民年少轻狂，只要是想要就会不计后果地去争取。

他只一心想着怎样才能把玉英追到，而当确定自己的心意以后，张达民便展开了猎艳行动。由于平日里无法接近玉英，张达民便开始频繁地接触阮母，在与阮母交谈的过程中，张达民得知了玉英经常去昆山花园与阮母见面的消息，他便精心策划了一场偶遇。

一个阳光明媚的下午，昆山花园的小径上，阮母带着东家的小孩一边散步，一边等着自己的女儿。阮母并不知道今天能不能见到自己的女儿，只是满怀期盼地等着。阮母抬头看着小径的尽头，阳光透过稀疏的树叶照射下来，阮玲玉出现在了小径的尽头。阳光照射在一身白色连衣裙的阮玲玉身上，映衬出她俏丽的面孔，阮母不禁看呆了。此时阮玲玉嫣然一笑，优雅地走到母亲面前挽起了母亲的手。

这惊艳的一幕，全部落在了早早来到昆山花园等待偶遇机会的张达民眼中，他痴痴地望着阮玲玉的身影，不断告诉自己，“她一定是我的！”

当然，张达民没有在阮玲玉到来的第一时间就出现在她的面前，而是看她与阮母交谈了一阵才从另一个方向，装作若无其事偶遇了阮家母女。阮母是张家的佣人，看到四少爷，自然是要打招呼的，但本以为打完招呼就会离开的张达民，竟然没有要走的意思。张达民装作第一次见到长大后的阮玲玉问阮母："这是凤根吧？凤根真的越长越漂亮了，这要是在大街上看见了，我还真认不出来呢。何妈（阮母姓何）好福气呀！"阮母一听到有人夸奖自己的女儿，便不由自主地欣喜起来，于是与这个平时就很平易近人的张四少爷聊了一阵子。

阮玲玉虽然和张达民自小相识，但是两人很少有交集，甚至没说过几回话。她以为这次在公园见到张达民只是个纯粹的巧合。阮母也以为张达民只是与他们恰巧碰见。但两人以为打个招呼说上几句话就走的张达民却迟迟没有离开的意思，看着张达民每次找话题与阮玲玉聊天的时候，投向阮玲玉的目光中夹杂着一些不明的情愫，阮母的心中感到莫名的不安。

聊了一阵子，张达民便找了个借口离开了。张达民知道，想要追到阮玲玉这种女孩一定要细水长流，不能太突兀。因此自从那次偶遇以后，阮玲玉时不时就能在昆山花园见到散步的张达民，而且每次相遇他们都会聊上一阵子，张达民给阮玲玉讲商场上的趣闻，阮玲玉和他谈学校的生活。

就这样，阮玲玉逐渐对这个没有少爷架子的张府四少产生了朦胧的感情。而此时眼见着事态发展的阮母心中充满了矛盾，虽然张达民是个没有门第之见的新青年，但是不代表张老爷与张夫人就能接纳阮玲玉的出身，更何况张达民是个富家子弟，阮母不敢保证他是否能一直对阮玲玉好。但由于张达民是主人家，阮母不好说些什么，便只能去提醒自己的女儿。而当时情窦初开的少女只想着甜蜜，憧憬这美好的未来，并没有在意母亲的提醒。

在另一边张母知道自己的儿子看上自己家女佣的女儿后，坚决反对，想要断了两人的念想。但热恋中的张达民没有理会母亲的反对。张母见儿子是真的陷下去了，便诬陷阮母偷钱，把她赶出了张府，希望借此能断了张达民与阮玲玉的联系。

但令她没想到的是，在阮母无处可去的时候，张达民接济了她们母女二人。张达民为阮母租了房子，一切安排妥当后，张达民便委婉地向阮母表达了希望能与阮玲玉一起生活的想法。阮母本想回绝的，但是想到最近张达民的付出，她又狠不下心来拒绝，只是告诉他，“这是阮玲玉自己的事情，等询问过她，再给你答复吧。”

当阮玲玉回来以后，阮母便把张达民的话转述给了阮玲玉，让她自己做决定。当时正在处于热恋期间的阮玲玉，想到最近张达民为她与母亲的事劳碌奔波，为了她也与家里闹得不愉快，觉得张达民是个值得托付终生的人，于是就同意了。第二天张达民再来的时候，阮母告诉张达民，阮玲玉同意了他的提议。张达民听到这个消息自然是喜出望外，心中所想的事情，终于要实现了。那一年张达民22岁，阮玲玉16岁。由于母亲失去了帮佣的工作，生活来源只能靠张达民接济，阮玲玉决定退学，回家奉养母亲。

1925年年底，阮玲玉提出了退学申请，次年一月，阮玲玉正式退学，也正式开始了与张达民同居的生活。刚开始的两人新婚燕尔，甜蜜无比。但是当时的两个人都没有固定经济来源，阮母也没有再出去找工作，只能靠张达民每个月给的生活费过日子，时间一长，便感到分外的力不从心。张达民的大哥张慧冲是中国电影创始人之一， 是个思想开明的人。在他看来两个人已经同居了，就应该一起过好日子。于是一天张慧冲到访阮玲玉的家，问她：“你想不想当演员？”由张慧冲推荐，阮玲玉去应试了明星影片公司《挂名夫妻》的演员，从这天起阮玲玉正式开始了她的演员生涯。

另一边，张达民本就不是个过平静日子的人，当新婚缠绵过去以后，张达民便厌弃了这种生活，开始露出纨绔子弟的真面目。不知从哪天起，张达民染上了赌瘾，这令阮玲玉非常苦恼。在与张达民同居的这几个月中，阮玲玉深知当初的决定是多么的草率。感情上的失意，使阮玲玉把所有的生活重心都转移到了事业上。那时演电影对她来说不仅仅是为了生计，也是为了填补她寂寞的心。同时在这期间阮玲玉还收养了一个女儿，取名妙蓉，小名小玉。

1932年，“一·二八”事变，日本侵略的战火烧到了上海，阮玲玉为了躲避战火，带着母亲、养女，还有张达民来到了香港。在这里，她遇到了生命中第二个男人，也是最后把她推向死亡深渊的男人。

唐季珊是做茶叶生意起家的。第一次与阮玲玉相识，是在一个商业的宴会上，两个人没有过多的交流，甚至阮玲玉对唐季珊都没有什么印象，但那次的见面却使唐季珊把阮玲玉放在了心上。

当时唐季珊身边有个情人，叫张云织，是阮玲玉的前辈。在得知阮玲玉喜欢跳舞以后，唐季珊经常邀请阮玲玉去高级场所跳舞，他无微不至的关怀，一来二去，使得阮玲玉慢慢对他有了感情。阮玲玉天真地以为，这次的自己真的遇到值得托付终身的男人了。其实她不知道唐季珊只是个懂女人，而且懂得玩女人的富商而已。当阮玲玉陷入唐季珊温柔陷阱的时候，张云织写信提醒过阮玲玉："你看到我，就可以看到你的明天，唐季珊不是一个好人。"但是当时被感情蒙蔽双眼的阮玲玉以为张云织是在嫉妒她。唐季珊从来都不是一个吝啬的人，为了能更加抓牢阮玲玉的心，唐季珊在上海新闻路沁园村买了一栋三层小洋楼送给了她。阮玲玉又怀着美好的爱情憧憬，再一次轻率地与唐季珊同居了。

张达民再次找上了阮玲玉，看到阮玲玉身边的唐季珊心里无比地妒忌。他开始近乎无赖一样缠着阮玲玉，勒索、敲诈。两个自私的男人加上一个痴情的女人，注定是一场化解不了的悲剧。唐季珊厌烦了这样的纠葛，没多久就有了新欢。当阮玲玉得知唐的背叛后，再一次的真心错托使她心灰意冷，毫无可恋，心中升起了自杀的念头。

当时，在接拍完蔡楚生的《新女人》时，女主角的际遇与她极其相似，而在女主角自杀的最后关头，女主角内心表露出的强烈的求生意识深深地震撼了阮玲玉，她想，自己应该也能挺过去的。可是当她心情平复了以后，她对导演说："我多么想成为这样的一个新女性，能够摆脱自己命运的新女性，可惜我太软弱了，我没有她坚强。"当遇到蔡楚生的时候阮玲玉已无力再爱了。如果阮玲玉没有放弃，没有自杀，是不是就会有另外一种结局呢？

爱情是很容易幻灭的，是不真实的，在爱情里真心有时不一定能换回真心。阮玲玉其实是很勇敢的，她抱着“执子之手与之偕老”的想法勇敢地努力着，这样的结果只能怪生不逢时，命运的玩笑了。

庐　隐：用自由，燃烧生命之火

最近，纪念青春的电影占满了各大影院的排期表，自己也忍不住去电影院怀念一下青春。一个人买票，一个人去看，然后默默地离场。大荧幕上那一幕幕的场景无比的熟悉，但是演绎的故事却与我没有太大的牵连。是谁说的，只有美丽的人才有青春可言，那么那些不够漂亮的人的青春都埋葬在了哪里？

青春的主旋律是爱情，在爱情面前人人平等。每个人都有追求幸福的资格。庐隐就是个没有姣好面貌，但却有着无悔青春的女子。这样一个个子不高、脸孔又黄又瘦的女子，看似柔弱，却能倾尽她所有的激情，完美地演绎了一场轰轰烈烈的爱情传奇。

庐隐，原名黄淑仪，又名黄英。庐隐是她的笔名，有隐去庐山真面目的意思。庐隐的一生，可以用“总是为爱情叛逆”来形容。这样倔强的一个女子，为了爱情奋不顾身，勇往直前的勇气可以说是无人能及。

爱情，是组成她这一生的重要元素。这个看似懦弱，却极为执拗的女人，只有在爱情面前才会无所畏惧。庐隐出生那天，碰巧外祖母去世，在那个封建的年代，母亲便认定她是个灾星，直接把她交给一个奶妈去抚养。从未享受过母爱的庐隐，跌跌撞撞地成长着。小庐隐到了三岁还不会说话走路，可她的母亲却对这个女儿不闻不问，即使生病也漠不关心，后来奶妈只好带着她去了乡下疗养，长大一些的时候才重新回到父母身边。

在庐隐六岁的时候父亲去世，之后她便随母亲来到北京的舅舅家居住。六七岁的孩子已经开始有了记忆，在舅舅家的生活对庐隐来说是黑暗的，毫无希望的。唯有她的大哥会不时的给予她一丝温暖。庐隐在大哥的鼓励下，勤奋学习，13岁那年，她考进了北京女子师范学院。

17岁的庐隐在舅舅家遇到了她的初恋——林鸿俊。林鸿俊是一个没落家族的子弟，偶然一次机会结识了庐隐。在彼此地接触中，林鸿俊对庐隐了解得越是深入，便越觉得这个富有才华且多愁善感的女子对他的吸引力越无法抵挡。

于是林鸿俊开始主动地接触庐隐，给她写信，对她温柔备至。从小生活在压抑、阴暗氛围下的庐隐，从未感受过这么温暖的感觉。林鸿俊就像冬天里轻柔的棉花，一层层的盖在了庐隐的心上，把庐隐那颗已经冰冷到麻木的心渐渐地焐热，然后再小心翼翼地包裹起来，不让它再次变凉。没过多久，林鸿俊便向庐隐的母亲提亲，但是庐隐的母亲和哥哥都觉得林鸿俊没有文化，且又家境贫寒，不适合与庐隐结婚。

在母亲与兄长看来，虽然庐隐自幼就不受疼爱，但是嫁人这种终身大事，还是要慎重考虑的好。家人的反对，激起了庐隐深埋在心里一直隐忍着的怨恨，原本恐惧婚姻的庐隐，在愤慨的情绪中失去了理智。她写信对她的母亲说：“我情愿嫁给他，将来命运如何，我都愿承受。”

庐隐的母亲深知女儿倔强的脾气，便也不好再说出什么反对的话，便提出了林鸿俊必须上大学，并且要在大学毕业后才可以举行婚礼的条件，算是默认了这段婚事。最终虽然林鸿俊达到了庐隐母亲的要求，但是也未能娶到这个让他心心念念的女子。这样的结果也许是偶然，也可能是必然。进入大学的庐隐，很快发现她与林鸿俊的不同，尤其是在思想上，庐隐与林鸿俊有着极大的分歧，最终两人解除了婚约。庐隐及时的醒悟，悬崖勒马，没有再坚持继续这段不合适的恋情。

那一段无果而终的恋情在庐隐的心中留下了一个警钟，时刻提醒着她，将来与她同度一生的人一定要有共同的思想、共同的爱好，两人一定会相濡以沫地走完下半生。庐隐在一次同乡活动中，结识了北大法律系的高材生郭梦良。她与他一见如故，两个人都有才华，之前都对对方略有耳闻。美好犹如初见，四目相对，整个世界的声音仿佛都随之消失，只有两人那砰砰的心跳声。二人彼此心中顿感相见恨晚。这怦然心动的感觉，是庐隐从未有过的。

庐隐对郭梦良的感情是炙热的，是旁人无法理解的。当时的郭梦良是有妻室的男子，虽然那是一段包办婚姻，但郭梦良无法逃离这段婚姻的束缚，也是无法改变的事实。即使郭梦良对庐隐也是爱的深沉，但是理智告诉他，这个女子，他不能辜负，更不能让她受到一丝的委屈。

庐隐是郭梦良的挚爱，不是说放弃就能放弃的，而庐隐表现出来的态度，明确地在向郭梦良传达着她完全不在乎他有家室这一信息。庐隐不是没有想过日后的处境，但是她的骨子里就是这样的一个女子，一旦找到了真爱，她便可以为之不顾一切。这便是庐隐，一个敢爱敢恨，在爱情面前毫无畏惧的女子。

她说："我天生就是执拗的脾气，除非不曾拿定主意，否则，无论别人怎样冷嘲热骂，我还是我行我素……"而郭梦良本想抑制住自己对庐隐的感情，可是他低估了爱情的力量。在爱情面前，郭梦良像个无助的孩子，想要靠近，却又不敢靠近。在庐隐飞蛾扑火似的示爱之下，郭梦良的理智最终在爱情面前溃不成军。

1923年夏天，庐隐与郭梦良不顾家人和朋友的反对，以及强烈的社会舆论，突破重重阻碍终于有情人终成眷属。他们的结合是伴着快乐与忧患的。起初两人男耕女织夫唱妇随，是如此和谐美满。当时的庐隐认定："只要有了爱情，什么问题都没有了。"

但是理想的婚姻与现实生活隔着一层幕布，理想的婚姻生活是荧幕上精编细演的美好，而现实生活却是真实无比的残酷。可能老天爷还要继续考验庐隐，在她成功出版第一篇小说《海滨故人》没多久，郭梦良就因病去世了。那个前阵子还在为她成功出版小说而由衷祝福的人，如今却与她阴阳相隔。

丧夫后的庐隐，生活几近于颓废，她经常喝酒喝到酩酊大醉。古话说，“一醉解千愁”，她心中有太多的愁苦，让她有理由夜夜买醉。可能只有喝醉了她才不会感觉到心痛吧。颓靡了一阵子的庐隐终于意识到了，这样的生活只会让她更加痛苦，况且还有未满周岁的女儿等着她去照顾。她不想让女儿也像她一样，有一个阴暗的童年，所以她必须克制住那些内心难以压制的痛苦，让自己重新振作起来。

1928年，庐隐生命中最幸福的时刻悄然接近。这年春天，一位小她九岁的清华大学西洋文学系学生，年轻而又浪漫的乐天派诗人走进了她的生活。这位充满活力的热血青年便是李唯健。两人的初识，是在1928年3月8日。一次偶然的机会，李唯健在瞿世英家中第一次见到庐隐。当时的他，对庐隐这个相貌平平的女人没有太多的注意，只是在庐隐问起他文学及写作的事情时才聊上几句。临走时，庐隐留给他一个地址，方便一起讨论文学，两人就这样开始有了交集。起初，两人只是纯粹的谈文学，谈人生。小她九岁的李唯健称呼庐隐为“姐姐”“心灵的姐”。只是连李唯健自己也没有想到，有一天会爱上这位“姐姐”，而且爱得无法自拔。其实庐隐是个很有气质的人，她的美好都隐藏在她那平凡的面孔之下。与她接触过的人，都会情不自禁地被她吸引，进而“俘获”，李唯健也不例外。李唯健面对如此知心的庐隐，一颗赤子之心一旦付出，便再也收不回来了。

当李唯健确认了自己的心意以后，便对庐隐展开了猛烈的攻势。但那时的庐隐早已褪去了青涩与冲动，因为她经历了太多太多。订婚、解约、恋爱、结婚、丧夫、颓丧、酗酒，这些经历让她对生活有了更多的认识，这些经历也让她变得更加冷静与理智，但冷静与理智这样的字眼，可能并不合适放在一个女人的身上。

这些经历使庐隐在感情方面变得很小心谨慎。考虑到两人各自的条件，庐隐拒绝了李唯健的示爱。

当庐隐第一次拒绝李唯健时非但没有打消他的积极性，反而激起了李唯健的征服欲。李唯健爱上了这个女人，爱得失去了理智。在李唯健身上，庐隐看到了自己当年的影子，为爱，不顾一切。李唯健一再地劝说她：“我以为你太注意世人的批评。世人的议论只是一种偏见……我们又何必看重他们的浅见呢？”

李唯健的话，像一道闪电，划过庐隐的心，照出了藏在内心深处的那份渴望。庐隐在《庐隐自传》中说到："(我)不固执着悲哀了，我要重新建造我的生命，我要换个方向生活，有了这种决心，所以什么礼教、什么社会的忌惮，都从我手里打得粉碎了。"对李唯健而言"这段爱情始于一个春天的记忆——回忆不断地袭来。我想到我俩的初识，北方的春天，如荼如火的风光，树枝上成累的红和紫，鸟鸣嘤嘤。啊，真够留恋了。"

在李唯健不懈的努力下，庐隐终于同意了他的求婚。两人在1930年8月举办了婚礼。婚礼后俩人把他们之间的情书拿出来发表，1931年《云鸥情书集》正式出版。婚后的庐隐辞去北师大附中教师职务，与李唯健同去日本度蜜月。庐隐与李唯健幸福地度过了四年的婚姻生活。这四年无疑是庐隐最快乐幸福的四年。

1934年5月13日，年仅35岁的庐隐因产后大出血去世。她临终前，双臂抱着李唯健的脖子，一面费力地喘气，一面对着大女儿嘱咐："宝宝，你好好跟着李先生——以后不再叫李先生，应当叫爸爸！"她转头对着身边的二女儿说："囡囡，你长大好好孝顺父亲！"然后用力地提起一口气，柔声地对李唯建说："唯建，我们的缘分完了，你得努力，你的印象我一起带走了。”说完这句话，她便缓缓地闭上了双眼，去了她常说的那个“沉默比什么都伟大”的天国。

徒留下肝肠寸断的李唯健，与两个少不更事的女儿。在李唯健《忆庐隐》的悼文中，可以看出这个痛失爱侣的男子是多么的悲痛欲绝。他呼号着：“谁又料到，料到这样突然的灾难使我们生死契阔了呢？这一切这一切使我何能相信，何能相信是人生映演的一幕，是你我结合的归宿呢？”

对于恋爱，庐隐曾说过：“我自然不会主张恋爱要以金钱、地位、年龄、相貌为条件，可是也不相信是绝对无条件的。”她的条件，就是两人精神上的契合度，想想那段与林鸿俊无果而终的初恋，与郭梦良、李唯健的幸福相守，完全可以看出，庐隐的择偶标准就是如此。

庐隐自嘲地说过：“我想游戏人间，反被人间游戏了我！”这是怎样的感触才会说出这番话。“我就是喜欢玩火，我愿让火把我烧成灰烬。”能说出这样豪言壮语的女子，岂会是个没有青春与激情的平凡女子。

青春每个人都有，与其说“只有美丽的人才有青春”，不如说，“美丽之人的青春都是一样的”，而那些不一样的青春，都是留给那些为了用生命来“玩火”的人的。你又想拥有一个怎样的青春呢?

石评梅：只为那一份不羁的渴望

最近在网上看到一条新闻，讲述的是一个年轻男人对自己身患白血病的女朋友不离不弃的爱情故事。不仅对女朋友悉心照料，还在病房里为他们举办了一场特殊的婚礼，满足了女孩穿上婚纱与爱人拥吻的夙愿。这让我不禁感叹，人的生命有时真的很脆弱，也许不知道哪天就突然消失在这个世界，无声无息。所以，在还能抓住爱的时候，千万不要轻易放手，因为错过了，可能就是一生一世，懊悔也无法挽回。

对石评梅来说，今生唯一的一次错过，便是天人永隔，命运对她是何其的残忍。这个心比天高、命比纸薄的晋东才女的爱情堪比梁祝，却又似乎更胜梁祝。

石评梅出身书香门第，父亲石铭是清末举人，老来得女，自是喜欢得紧，视为掌上明珠，悉心调教，亲自督学。而石评梅也自幼聪慧过人，从小饱读诗书，琴棋书画样样精通。石评梅就像一只待飞的幼鸟，向往着广阔的蓝天。

1920年，18岁的石评梅入读北京女子高等师范学校。石铭虽然是个开明的父亲，愿意让女儿这只小雏鸟能有一次展翅高飞的机会，但对这颗掌上明珠总是带着割舍不下的关心，于是辗转托人，把他托付给了吴天放。只不过石父没想到的是，他所托之人，给石评梅心里留下了不可磨灭的阴影。

吴天放第一次见到蕙质兰心的石评梅，不禁怦然心动。在他眼里，石评梅就像一只充满活力的精灵，在他毫无防备的情况下，跌落在他的世界里。当时的石评梅天真烂漫，没有意识到自己已经走进了吴天放给她编织的一个虚幻的感情陷阱。对于一个18岁的少女来说，浪漫是爱情滋生的温床，没有几个少女能抵抗住一个殷勤且浪漫的文人的追求。石评梅在不知不觉中对吴天放敞开了心扉，接纳了这个与她有共同兴趣、相同爱好的同道中人。石评梅在回想起这段不堪回首的初恋时是这样评价的：“上帝错把生命之花植在无情的火焰下。”

在错的时间遇到对的人，是一声叹息。高君宇出现的太晚了，如果他能早于吴天放遇到石评梅，是不是就会让少女免受一次欺骗。如果说吴天放与石评梅的爱情，是吴天放精心策划的一场骗局，那么石评梅与高君宇的爱情，便是月老周密绸缪的一部悲剧。

石评梅与高君宇的相识，是在一次同乡会上。

一个青年慷慨激昂地做着反帝反封建的演讲。石评梅望着正在演讲的青年，心中满是震撼，这样一个才华横溢、富有激情的青年男子在石评梅的心中留下了深刻的印象。

这个青年便是高君宇，北大的高材生，同时也是石评梅父亲石铭的得意门生。其实在演讲的时候，高君宇就注意到了这个一直盯着自己看的女孩了。高君宇对这个女子的第一印象是干净、内敛、隐隐有寒梅傲骨的气质。演讲完毕以后，高君宇便径直走到石评梅的身边坐下，与她攀谈了起来。在得知石评梅就是老师石铭视为掌上明珠的女儿、每次提起都一脸宠溺的那个晋东才女时，心中不免徒生些许亲切。

此时高君宇的心里，就像住进一只骚动的小猫，暖暖的，却又痒痒的。而这时的石评梅对眼前的高君宇也怀有一种相见恨晚的叹息，她崇拜这个侃侃而谈、气宇不凡的男子。但是那时的她已经有了吴天放的温柔浪漫，无法再去承受这份意外的情愫。两个人，一个崇拜着对方，一个想了解对方，他们互留了地址，开始了笔友一般的书信来往。

也许老天爷也看不下去吴天放对石评梅的欺骗，便安排了一个机会，让石评梅自己去揭开吴天放那温柔下的伪装。一日，吴天放与石评梅约定好了约会时间，但是后来石评梅要去听爱罗先珂的演讲《女子与其使命》也恰巧是那天。为了不错过演讲，石评梅便提前了一天去找吴天放，暗自还想着给自己的爱人一个惊喜。

当石评梅到达吴天放公寓门口时，看到一个小男孩正在玩雪，小男孩见到有人来，便问她找谁。当石评梅说出“吴天放”这三个字以后，小男生说：“你找我爸爸！”当时石评梅以为自己听错了，再三确认以后，石评梅如遭晴天霹雳，原来使君有妇。石评梅瑟瑟地站在雪地里，望着眼前素白的世界，她心中那个始终如阳春三月的爱情天地，瞬间狂风大作，天昏地暗，毁灭了那空间中一切的美好。

石评梅魂不守舍地走在回去的路上，天空开始飘起了鹅毛大雪，石评梅的心中也仿佛被冰雪包裹。雪越下越大，像是老天爷在帮她埋葬这不堪的爱情。这场雪，染白了世间所有的污秽，同时也埋葬了石评梅内心中原本圣洁的爱情。石评梅现在只想让吴天放亲自给自己一个交代，可是吴天放既不想离婚，也不想与石评梅断情。吴天放这种想法对于生性孤傲犹如寒梅的石评梅来说无疑是一种极大的侮辱。她怒斥吴天放："你毁了我一生。"

那时的她痛恨自己的懦弱，愤怒吴天放的欺瞒，这个心伤累累的女子决议"独身"，不再恋爱，绝不结婚。她用心血与泪水凝结成诗：缠不清的过去，猜不透的将来？一颗心！他怎样找到怡静的地方？（石评梅的《疲倦的青春》）这是这位女子对于逝去爱情的祭奠，这一段玩笑一样的爱情却近乎毁了她一切爱的能力。

在与高君宇的通信中，石评梅向他述说她有"说不出的悲哀"，但又不告诉高君宇"为何而起了悲哀"。两人就这样鱼雁传书，谈人生，抒抱负，偶尔也会涉及一些情感话题。1923年的中秋节，石评梅收到高君宇亲手书写的刘禹锡《陋室铭》，她甚是喜爱，并把它装裱后高挂在墙上。就这样，高君宇一点一滴地渗透着石评梅的生活。而高君宇对石评梅的情愫，也透过一张张信纸传递出去。高君宇自知他已深陷情网不能自拔，他现在唯一要做的就是让石评梅知道他的所想所愿。

一日夜里，石评梅又忆起她的那些伤感，心中升起无尽的惆怅。当她沉浸在这惆怅中无法自拔的时候，一阵短促的敲门声把她拉回到现实。开门，接信，回身。坐在书桌前，昏黄的灯光照射在那薄薄的信封上。信，很轻，很薄，里面装着一些东西，发出不像是纸张的沙沙声。当石评梅拆开信封的时候，从中飘落出一片红叶。红叶与红豆自古以来都是寄相思的情物。看到红叶，石评梅便猜到了几分。

石评梅并不是对高君宇的感情全无察觉，只是她已经把一颗痴心错付，失去了爱其他人的能力，所以一直回避着。她小心翼翼地拿起那片心形的红叶，轻轻低吟着上面的诗句："满山秋色关不住，一片红叶寄相思。"这片红叶是高君宇在西山碧云寺休养的时候亲手摘的，这样一片近似心形的红艳叶子，是千挑细选出来的。

石评梅仿佛已经看到了，高君宇那挺拔的身影，在枫树下，一遍一遍地观摩着，见到品相好的叶子，便伸手去摘，然后抱着这些叶子回到房间里，一个一个的对比，挑出最符合心意的叶子，在上面提笔题诗。

想到这样的画面，石评梅不禁莞尔，她冰封的心像被一双宽大温暖的手捂着，渐渐地有了溶化的迹象。只是一想到吴天放，她的内心又顿时被厚重的乌云笼罩。石评梅知道，自己还没有准备好，也不知道自己什么时候能准备好，为了不耽误高君宇的未来，她狠下决心，在红叶背面写道："枯萎的花篮不敢承受这片鲜红的叶儿。"

写完以后，她连夜寄了出去，她怕自己犹豫不决，更怕自己会毁了高君宇的炙诚热爱。而现在的她，是无法承受高君宇这样的挚爱的。

几日后，石评梅收到了高君宇的回信："退回的红叶收到了。……所以我仅通信而不去看你，也害怕这种感情的流露。红叶题诗，那是久已在一个灵魂中孕育的产儿。但是，朋友，请不要为红叶而存心，要了解是双方的，我至今不能使你更了解我，是我的错，但也有客观不允许的理由，这只好请你原谅了……"

寥寥几句，石评梅读出了在失望与受伤后还被歉疚、不安和自责缠绕着的高君宇。石评梅是不忍心的，但是对于当时的她来说，这也许是最正确的选择。

红叶事件结束以后，高君宇察觉出了石评梅对他的疏离。没多久，石评梅大病了一场，却没想到这场病竟然成为了缩短两颗心之间距离的重要原因。高君宇悉心地照料与无微不至地体贴，让石评梅更加害怕起来，在她认为，高君宇的心本不该给而偏给了她。石评梅想要逃离，却又舍不得这难得的抚慰。石评梅的内心挣扎着、矛盾着。可高君宇并不明白石评梅的拒绝，究竟是对吴天放的念念不放，还是因为这女子的心原本就不在自己的身上?

受到封建包办婚姻的压迫，高君宇在老家原本是定了亲的，但是为了能够不失去追求石评梅的权利，他回到老家退掉了亲事，满心想着自己终于可以以自由之身归来，向石评梅奉上这份完整的赤子之心了。

无奈造化弄人，本想回到石评梅身边的高君宇赶上了广州商团叛乱，作为孙中山助手的他，必须留下指挥镇压叛乱，更不可能在石评梅的生日时赶到她的身边。高君宇想，无法在生日那天陪伴她，那就选个称心的礼物送给她。

当他在街市里路过一家店铺的时候，所有的目光都被橱窗里一对静静躺在首饰盒里的象牙戒指吸引了。洁白清冷的象牙戒指，像极了他与石评梅的爱情。高君宇毫不犹豫地买下了这对戒指，大的一个自戴，小的那个寄给了石评梅作为她的生日礼物。为了不让这个戒指拥有与红叶一样的命运，他在给石评梅的信中写道："愿你承受了它。或许你不忍，再令它如红叶一样的命运吧。我尊重你的意愿，只希望用象牙戒指的洁白坚固，纪念我们的冰雪友情吧！或者，我们的生命亦正如这象牙戒指一般，惨白如枯骨？……"

石评梅明白，这枚白色的戒指，是象征着两人永保"纯洁如冰雪的友谊"的信物。于是石评梅戴上了这枚具有特殊意义的象牙戒指，直到离世都未曾摘下过。

1925年3月4日，高君宇因患急性盲肠炎入院，石评梅来看望住院的高君宇。在病房内高君宇紧握石评梅的手深情地表白："珠！一颗心的盼赐，不是病和死换来的……我现在不希望得到你的怜恤同情，我只让你知道世界上只有我是最爱你的……"望着脸色苍白，眼神却无比坚定的高君宇，石评梅动摇了，心中一直翻着浊浪的海洋似乎也平静了，便轻声安慰："你若能静心养病，我们的问题，当在你病好时解决。"

可是天不逐人愿，高君宇由于术后大出血，于3月5日不治身亡。这突如其来的噩耗让石评梅无法承受，几度昏厥。当她醒来后，不顾一切地奔向医院，却只见到了高君宇冰冷的尸体，还有那枚静静地套在苍白手指上的象牙戒指。

三年后，石评梅因突发脑膜炎离开了这个世界。朋友把她与高君宇合葬在了一起，完成了两人“生前未能相依共处，愿死后得并葬荒丘”的遗愿。

爱情是个折磨人的东西，当你得到她的时候让你觉得拥有了一切；当你失去她的时候又会伤痕累累；当你再遇到她的时候，会因不再相信而错过；当你再次失去的时候，即使幡然醒悟也无法挽回。所以，面对每一次的爱情都不要畏惧，因为我们都不要给自己留下后悔的机会。

冰 心：真实，看透人世繁华

人生际遇真的是件很玄妙的事情，你不知道何时会遇到那个与你相伴一生的人。如果你足够幸运，也许只需一次的相遇，便会成就你一生的幸福。望着婚礼上朋友甜蜜的笑容，只能由衷地感谢上苍，谢谢您这样眷顾这个傻姑娘。

朋友与她的爱人是在轮船上相遇的。现在交通这样发达，出远门几乎都是坐高铁或者飞机的，可是特立独行的她却偏偏选择了轮渡，并在船上遇到了肯呵护她一生的人，这是何等的幸运。圆满的婚姻是她幸福生活的开始，但愿她能一直这样幸福下去。俗话说造化弄人，能够拥有这种幸运、顺利修成正果的人真是少的可怜。不过我知道，冰心就是这样一个一直幸福着的女人。

冰心与丈夫吴文藻的相遇，完全能够用“有缘千里来相会”来诠释。一场阴差阳错，成就了一段美满姻缘。

1923年，对冰心来说，是幸运的一年。那一年，冰心出版了她的散文诗集《闲情》，初在文坛崭露头角。也是在那一年，她以优异的成绩获得了“斐托斐名誉学会”的金钥匙奖，并且获得燕大女校的姊妹学校美国威尔斯利女子大学研究院的奖学金，被学校保送攻读硕士学位。正是在这一年里，冰心得到了一个女人一生中最大的收获，遇到了吴文藻，这个与她情定一生的“书呆子”。

1923年，8月17日，伴随汽笛的长鸣声，从上海启程开往美国西岸西雅图的“约克逊号”邮轮起航了。邮轮的上等舱位几乎被中国留学生占满了，他们都有着相仿的年纪，而且同一个学校的校友也很多，于是他们很快便熟络了起来。一些志同道合的人，一起谈天说地，畅谈理想。

第二天，褪去了初次离家的兴奋与新鲜感，冰心终于想起来，临上船时好友吴楼梅托她照顾一下与她同船去美国的弟弟——清华的应届毕业生吴卓。这件事情让冰心觉得有些为难，那时候的她毕竟还只是一个年轻的姑娘，单独去清华留学生那里去找一个男生还是会觉得不好意思。

于是冰心便请与她一起留学的男性好友许地山去帮忙找吴卓，缘分就这样无声无息地降临了。之前冰心并未见过吴卓，只知道他是清华毕业，今年也是要去美国的，于是告诉了许地山名字以后便催促他去寻人。

许地山到了清华留学生聚集的地方，打听有没有一个叫吴卓的人。许是有人听错了，以为许地山找的人是吴文藻。于是有人便把吴文藻拉到了许地山的面前，想到临出来时冰心催得比较急。许地山见有人说这就是他要找的人，没有确认对方姓名，便匆匆地拉着他来到了冰心的面前。当冰心问了名字才知道，许地山找错了人。还好双方都是豁达的人，没有计较这些小事，既然相逢便是缘，三人很快结成了朋友。

闲聊了一阵觉得无所事事，冰心便和吴文藻一起去甲板上散步，两人倚着船栏杆看海闲谈。当冰心问吴文藻到美国想学什么的时候，吴文藻说想学社会学。

随后便问冰心想学什么？冰心说："我自然想学文学，想选修一些英国19世纪诗人的功课。"于是吴文藻列举了一些著名英美评论家评论拜伦和雪莱的书，问冰心是否看过？

吴文藻所提及的这几本书，冰心确实没有看过。便如实地告诉吴文藻自己并没有看过这些书。随后便听见吴文藻对她说："你如果不趁在国外的时间，多看一些课外的书，那么这次到美国就算是白来了！"吴文藻这句话深深地刺痛了冰心的心。对于当时已相继出版的诗集《繁星》和小说集《超人》，前一阵子还新出了散文诗集《闲情》的冰心来说，这样毫不掩饰的说教实在让她难以接受。

在船上，经过朋友介绍而认识的朋友，每当听到她的名字的时候，都会客气地说："久仰，久仰。"能像吴文藻这样，第一次见面就如此坦率直言的人却从未遇到过。不过对第一次见面的朋友就能如此直爽坦言，也确实难得。当即，冰心便在心里暗暗决定，"一定要把他作为我的第一个诤友、畏友"。

游轮上的生活是枯燥无味的，每天这些无所事事的青年学生们最大的乐趣就是聚到一起，聊一聊自己以前的事情，晒一晒自己新作的诗文。

有一天，这些人聚在一起说身边趣事的时候，有一位清华毕业的学生开口说道："我们班就有个傻子，叫吴文藻，有个女生一直在追他，这次出国前还要送他礼物。而他却对人家说：‘我这一去不知道什么时候才能回来。我们就做个好朋友吧。’你们说这个人傻不傻？”众人听后都哈哈大笑起来。

同在人群中的冰心回想起第一次见到吴文藻的情景。当得知许地山找错人以后，会感到不好意思的人本应该是许地山才对，可是这个被找过来的“错人”却一脸愧疚地看着冰心，还不好意思得红了脸。想起当时的吴文藻，冰心不禁莞尔一笑。

在听到故事以后，冰心在甲板上遇到了吴文藻。那是一个阳光明媚的中午，在吃过午餐后，冰心独自一人来到甲板上散步，沐浴在暖暖的日光下，看着广阔的海面，冰心感觉整颗心都变得宽广了，所有的负面情绪一扫而空。沉浸在美好中的冰心突然感觉到似乎有一束目光正在盯着自己看，她下意识地回头去看，便见到不远处正望着自己的吴文藻。

冰心的心底不由得升起一丝暖意，在她还未来得及分辨这种感觉到底是什么的时候，却看到吴文藻那跟番茄一样红的脸傻站在那里，样子煞是可笑。看见这样的吴文藻，冰心想起了几日前听说的那件与吴文藻有关的趣事，心里觉得有趣，于是走到吴文藻身边，调侃地同他谈起此事。

始料未及的吴文藻又闹了个大红脸，内心挣扎了一翻，终于向冰心说出了自己的那段经历："那是我乘火车回江阴度暑假，车到山东后，上来了一位女子，我按我们清华的规矩给她让座。她告诉我，她在山东女子师范教书，也是回江阴度假的。回学校后，她觉得我这个人实在。知道我要出国，送了一枚领带上的别针，是心形的，背后有个'爱'字。我怕耽误人家，才说出那番话的。同学们说我傻，说不妨把她作后备的，但我觉得对不起人家。"这番诚朴的解释，让冰心对吴文藻有了更进一步的认识，而她心里的那种暖意也有渐渐增强的趋势。只是当时的冰心还不知道，那其实正是爱恋的感觉。

1923年9月1日，结束了三个月的旅程，游轮抵达了美国西雅图。经过这一阵子的相处，船上的同学们彼此都结下了深厚的友谊。于是他们互留了通信地址后，便各奔东西。吴文藻经同学推荐去了达特默思学院学社会学，许地山则入读哥伦比亚大学研究院哲学系，而冰心遵照她在燕大时的英语老师鲍贵思的安排，进入威尔斯利女子大学研究院进修。威尔斯利位于美国的东部，而达特默思则在北方，如果不是许地山的"阴错阳差"，便不会有日后恩爱一生的冰心与吴文藻，而冰心也可能错过今生这个与吴文藻相识相爱的机会。

冰心到校后收到了许多在船上结识的好友们的来信，由于冰心对威尔斯利大学的校园非常喜欢，所以她便用威尔斯利大学的风景明信片回复好友们。而唯独回给吴文藻的是一封手写信。不难看出，当时的冰心对待吴文藻的态度就是特殊的。吴文藻在收到冰心回信的时候，还小小地激动了一阵子。因为他也听其他同学谈起，冰心的回信几乎都是以风景明信片为主，唯独他的回信是一封手写信。

这个情窦初开的小伙子，不知道怎么向冰心表达他的爱慕之心。在多方打听下，知道冰心对文学艺术甚是喜爱，而冰心本身也是一个文艺青年。于是为了投其所好，吴文藻隔几天便给冰心寄一本文艺杂志。起初，冰心收到的只是一本本的文艺杂志。过了一段时间，冰心便发现杂志里总会夹一张小字条，写着一些内容温馨的句子或感悟的话语。冰心是认得吴文藻的笔迹的，在她第一次发现纸条的时候，就知道，这是吴文藻写给她的。看到纸条的冰心，心里软软的，软的好像一戳便能滴出水来。后来小纸条变成了大纸张，上面全是用英文书写的整整齐齐的句子。

有时上面写着一首诗，有时上面写了一件趣事。就这样，吴文藻用他独有的追求方式，一点点地将冰心捕获。到后来，那一张张的的白纸上面除了写着一些吴文藻近日的见闻和一些经历的事，有时还带着一些带有试探意味的暧昧句子。吴文藻见冰心并没有排斥他，于是大胆的写了一封情书，寄到了冰心的手中。当冰心收到吴文藻的情书时，并没有太多的惊讶，只是满满的感动。吴文藻用他的坚毅与真诚，打动了冰心的心。

到了美国不久，由于水土不服，冰心旧疾复发，住了一阵子医院以后，依旧没有太明显的好转。于是在医生的要求下，冰心不得不进入沙穰疗养院休养。这一待，便是半年的时间。生病本来就是一件影响心情的事，更何况像冰心这种，出院以后直接被送到疗养院休养的人。所以当医生通知她需要去疗养院修养半年的时候，冰心简直难以接受。用她自己的话说："当我听到这个消息的时候，感觉自己几乎神经错乱了。"幸好，在她休养期间，经常有老师和同学来探望她。而最令她感动的，是吴文藻的到访。

吴文藻对于冰心的病情并不知情，他之所以会出现在疗养院，是在他找不到冰心以后询问了她的同学才知道的。国外的圣诞节就像我们的春节一样，是要放假的。1923年的圣诞节休假期间，吴文藻到纽约度假，在路过波士顿的时候他想起了冰心所在的威尔斯利大学就在这附近。想来自从上次在船上分别以后，一直没有再见过面。

吴文藻的心中一直压抑着的思念此刻再也不受控制，他不由自主地向着冰心的大学方向走去。他先是与在波士顿留学的清华校友小聚了一场。在聚会结束后，吴文藻便问起与冰心同一学校的一个女生，可不可以帮他把冰心叫出来，与她见个面。这位女同学告诉他，冰心现在不在学校，而是在疗养院。这位女同学把冰心生病住院的事原原本本的给吴文藻讲诉了一遍，问他要不要与他们一同去看望冰心？吴文藻自然是毫不犹豫地答应了。

当冰心见到一脸担忧的吴文藻时，心里顿时觉得清朗了许多，刚入院时的抑郁心情瞬间去了一大半。原本打算当日前往纽约的吴文藻，便在这儿多停留了几日。这几日里，他每天都来看望冰心，对她嘘寒问暖，开解她，陪伴她。在吴文藻的精心呵护下，冰心的身体状况大为好转。一直到假期即将结束的时候，吴文藻才动身离开。

对这样温柔体贴的吴文藻，冰心无法抗拒，也不想抗拒。沐浴在爱与关怀中的冰心，在《寄小读者·十九》中深情地写道：“爱在右，同情在左，走在生命路的两旁，随时撒种，随时开花，将这一径长途，点缀得香花弥漫，使穿枝拂叶的行人，踏着荆棘，不觉得痛苦，有泪可落，也不是悲凉。”吴文藻在回到达特默思以后，依旧坚持不懈地给冰心写信，信中大多数都是向她询问身体与病情是否都已好转。还经常叮嘱冰心一些注意事项，并祝愿她早日康复。这些近乎唠叨的叮嘱与溢于言表的关怀，使在疗养中的冰心仿佛置身在暖春中无比的幸福。

1925年3月的一天，在美国东北部新罕布什尔州，那里山上的积雪还没有完全融化。被群山围绕的达特默思学院里，三五成群的学生拿着书，匆匆地走着。在这中间，有一个相貌英俊的中国男子，在校园内一个僻静的凉亭中，坐在石椅上，安静地阅读着手中的信。这封信，便是那个远隔千里之外的冰心寄来的。

信中除了信纸，还有一张演出入场券。这张入场券是波士顿的中国留学生们合演的《琵琶记》，恰巧冰心在戏中饰演宰相之女，而主人公蔡中郎、赵五娘分别由梁实秋和冰心好友谢文秋扮演。于是她便满怀期待地给吴文藻写了这封信，邀请他来观看表演，随信便把演出入场券一同寄了出去。

然而吴文藻是个实实在在的书呆子，他的所有浪漫情怀，都是建立在不会影响到他的学业的前提下才会产生的。所以接到信的吴文藻内心无比挣扎，虽然他很想去看冰心的演出，但是由于距离实在太远，这样一来一回要花费好几天的时间，在他看来，这对于他的学习会有很大的影响。

最终学习战胜了一切，他狠下心给冰心回了一封信，在信中委婉地拒绝了冰心的邀请，同时也为不能观看她的演出而感到无比愧疚。收到信的冰心，心中很是落寞，因为这是她第一次怀着期待的心情去邀请一个人。吴文藻的拒绝，让冰心感受了小小的挫败感。但是，冰心依旧抱着最后吴文藻会出现的心态等待着。

在回信寄出以后，吴文藻便有些后悔了。他想象中当冰心收到那封拒绝信以后，会是一个怎样失望的情形。吴文藻那颗早已被爱情的琴弦拨动了的心，无法承受这样的场景。在一番激烈的思想斗争之后，吴文藻毅然决然地向着冰心的方向启程了。

1925年3月28日，《琵琶记》在波士顿美术剧院正式公演。演出的铃声已经响起，可冰心依旧没有等到吴文藻的到来。把期盼的目光收回，冰心带着一颗沮丧的心，转身走向了后台。舞台的大幕缓缓拉开，英文《琵琶记》正式开始演出。刚一上台的冰心，不由自主地将目光向台下扫去。突然她发现看台里有个无比熟悉的身影，那个身影便是急匆匆赶来的吴文藻。见到最终终于出现的吴文藻，冰心满是甜蜜。

演出结束后，冰心来到吴文藻的身边，轻声细语地对他说："上次生病你来看我，我很高兴。"说完转身羞涩地离开了。这样的一句话与随后冰心表露出来的羞涩，让吴文藻明白了原来她的心中对他也深藏着情意。爱情的种子，在两人心中悄悄地发出了嫩芽。而让这颗小嫩芽茁壮成长的机会，在随后不久便到来了。

人与人之间的相遇，男女之间的相爱，大多都是缘分已到。而冰心与吴文藻在杰克逊总统号的奇妙相遇，后来在通信过程中的相知都充满了传奇色彩，仿佛这两人注定是要相爱的。按照惯例，获得美国硕士学位是需要掌握两门外语的。因此，1925年夏天，冰心来到了纽约东部的一个小城，在康乃尔大学利用暑假时间补习法语。

也许冥冥之中自有定数，当上帝把爱情的种子种在两人的心中，等待它们悄悄地发出嫩芽之后，就一定会给他们一个让嫩芽茁壮成长的机会。例如，给他们安排了一场始料未及的重逢和一段朝夕相伴的时光。冰心进入补习班后，四周环顾想找一个满意的座位。当她的视线扫视靠窗的一个座位时，在那里她看到了温文儒雅的吴文藻。因为时间是暑假，在这里学习的中国留学生都去别处度假了，这里就只剩下吴文藻和冰心这两个中国人。正因如此，这两个人在一起相伴的时间就变得多了起来。在课余时间，吴文藻经常相约冰心一起出游。一天，补习课结束以后，吴文藻便邀请冰心去旁边的公园泛舟。

在回来的路上，吴文藻鼓起勇气向冰心问道："我们可不可以最亲密地生活在一起？"问完这句话的吴文藻，双眼直视冰心，眼中慌乱的神情透露出他内心无比的紧张。只见听完这句话的冰心，脸瞬间涨红，错愕了一阵子后，娇羞地低头跑回了宿舍，留下一个痴痴望着她背影发呆的吴文藻。后知后觉的吴文藻心中忐忑不安，他猜不出冰心的想法，不知道她是否会同意自己的表白。吴文藻一路浑浑噩噩地走回了宿舍。经过一夜沉淀的冰心，思考了好多，从性格到家庭都考虑了一番。

第二天，冰心相约吴文藻去林中散步。在树林里，冰心坦言："我思索了一夜，自己没有意见。但是我要得到父母的同意，才能最后定下来。"听到冰心这样的回答，吴文藻欢喜不已。恋爱中的时间总是显得那么短暂，转眼暑假即将结束。虽然一对恋人即将分离，但两人的爱情之树已开出了绚丽的花朵。吴文藻提前结束了法语课程，即将回学校准备开学事宜。在他临走前送给了冰心一支“理想”牌钢笔和一盒印着“谢婉莹”（冰心原名谢婉莹）三个字首字母的信纸。

1926年7月，冰心顺利地取得了硕士学位，并接受燕京大学校长司徒雷登的邀请回国任教。而吴文藻则决定在哥伦比亚大学攻读博士学位。在冰心即将离开的时候，吴文藻交给了她一封长信，并交代冰心，这信是呈给冰心父母的。其实这封长信，是吴文藻向冰心父母正式提亲的求婚信。他希望能借此信将自己对冰心的爱意真实地传达给冰心父母，并请求他们能将冰心的一生都托付给自己。吴文藻在写信的时候，字字斟酌，言辞诚恳，堪称千古一绝的“求婚书”。

在信中，吴文藻先是阐述了他对爱情和婚姻的看法：“求婚乃求爱的终极。爱的本质是不可思议的，超于理性之外的。先贤说得好：‘道可道，非常道。名可名，非常名。’我们也可以说，爱是一种‘常道’或是一种‘常名’。换言之，爱是一种不可思议的‘常道’，故不可道；爱又是超于理性之外的‘常名’，故不可名。我现在要道不可道的常道，名不可名的常名，这其间的困难，不言自明。”

而后又写到：“令爱是一位新思想旧道德兼备的完人。她的恋爱与婚姻观，是藻所绝对表同情的。我常觉得一个人，要是思想很彻底，感情很浓密，意志很坚强，爱情很专一，不轻易地爱一个人，如果爱了一个人，即永久不改变，这种人的爱，可称为不朽的爱了。她虽深信恋爱是个人的自由，却不肯贸然独断独行。她这般深谋远虑，承欢父母，人格活跃，感化及我……”也在信中写出了他的紧张：“我这时聚精会神的程度，是生来所未有的。我的情思里，充满了无限的恐惶。我一生的成功或失败，快乐或痛苦，都系于长者之一言。”

如果把这封“求婚书”译成文言文的话，便与敦煌曲子词中的《菩萨蛮》颇为相似：“枕前发尽千般愿，要休且待青山烂。水面上秤锤浮，直待黄河彻底枯。白日参辰现，北斗回南面。休即未能休，且待三更见日头。”

面对着这样一封情真意切、文采出众的“求婚书”，冰心的父母似乎找不出任何拒绝的理由，而最重要的是，他们的女儿能够幸福就好。在谢葆璋（冰心的父亲）看完吴文藻的信以后便说："从信上看，吴文藻是一个妥当人。"这句话的深层含义便是吴文藻是个可以托付女儿终生的人。

吴文藻在取得博士学位后，便回国拜见了冰心的父母，并确认婚事。

1929年6月15日，两人举办了婚礼，并邀请当时燕京大学的校长司徒雷登就任主婚人。冰心与吴文藻在一片祝福声中永结秦晋之好。

婚后的两人相处和睦，而吴文藻这个书呆子却得了个"傻姑爷"的名号。有一天冰心与吴文藻带着孩子到城里去探望父亲，冰心让吴文藻上街给孩子买些点心回来，吴文藻问孩子想吃什么。当时孩子才刚刚会说话，无法清楚地表达自己的意思，只能把萨琪玛简单地说成"马"。当吴文藻到点心铺后，售货员询问他要买什么，吴文藻也只能说要买"马"。还好点心铺的营业员与冰心家人都比较熟，于是打电话询问了详情，这才知道，原来是要买"萨琪玛"。

一日，冰心带着吴文藻回娘家看望父母。下午，一家人在院子里的丁香树下喝茶赏花。冰心的母亲见吴文藻一直在书房中用功，便让冰心把他叫出来休息一会儿。被冰心叫出来的吴文藻，心思依旧在学问研究上。他应酬似的指着树上的花问冰心：这是什么花？冰心见他心思完全没有在这儿，但还是回答了他："这是丁香花。"吴文藻听到冰心的回答后，便附和道："噢，是香丁花。"此话一出，便惹的一家子人哈哈大笑。还有一次冰心让吴文藻去"东升祥"布店为父亲买一件双丝葛的夹袍面子。吴文藻到了布店以后，便跟售货员说："我要买一丈多羽毛纱。"布店的售货员听得一头雾水，便打电话去冰心家问："您买一丈多的羽毛纱打算做什么？"接到电话的冰心听到售货员的问题时也是无法理解，便问了来龙去脉，原来是自己的丈夫又闹了一次乌龙。放下电话的冰心，对着父亲说："他真是个傻姑爷！"而冰心父亲却笑着说："这傻姑爷可不是我替你挑的！"

在一次与清华大学校长梅贻琦闲谈的时候，冰心想起了这几件事便即兴创作了一首宝塔诗。诗曰："马，香丁，羽毛纱，样样都差，傻姑爷到家。说起真是笑话，教育原来在清华。"当冰心与梅校长解释完这其中的典故以后，梅校长以进为退，当场在冰心的宝塔诗后面续了两句，直接把原诗的意味改变了："马，香丁，羽毛纱，样样都差，傻姑爷到家。说起真是笑话，教育原来在清华。冰心女士眼力不佳，书呆子怎配得交际花。"

冰心的这一段情缘，没有那么多的跌宕起伏，但却温馨得让人心醉。细水长流式的相处方式，恰好符合冰心这看淡一切的性格。也许这并不是吴文藻很懂人心，而是他能够用真心和真情与对方坦诚相见。

就像谎言换来的永远只是谎言，而真情总是能够交换真心。一段感情只有慢慢地经营，才会越走越长。所以,当你能遇到一个肯陪你平平淡淡相守一生的人，该是何其幸哉！

苏雪林：给爱情画一幅工笔画

随着年龄的增长，身边的好友陆续都已结婚生子，只有我还依旧单身。现在最怕的事情就是回老家见长辈们。每次一回去，便会被问及感情的事。好多亲戚都在劝我说，不要眼光太高，再不找就真的剩在家里了。其实我相信不只是我，这世上还有好多人，一直单身不是因为眼光高，而是一直都没有找到那个对的人。无论多久，都能等下去。我们想要寻找的是那种一眼便怦然心动，再遇确觉有缘，相处之后可以情定一生的人。我们都信仰着“有缘千里来相会，无缘对面不相逢”的缘；也都在寻找着“执子之手，与之偕老；死生契阔，与子成说”的另一半。

对于婚姻这件事，唯一让我值得庆幸的是我有一对开明的父母。他们从不在我面前提起这件事情，而且也很努力地为我挡掉了许多亲戚介绍的相亲对象。爸爸曾经对我说过："孩子，你若有一天想嫁人了，便和爸爸说，爸爸帮你准备嫁妆。如果你一直都不想嫁人，那就在家，爸爸就一直养着你！"每次想起这句话的时候，心中都暖暖的。我是幸运的，有这样支持我的父母。而苏雪林在婚姻这件事情上是极其不幸的，她为了母亲，放弃了自由，违背的心意将自己推到了痛苦的深渊。即使后来她逃离出来，那件事也是她一生的痛处。

苏雪林出生在一个封建保守的大家庭。她的祖母一直奉行着"女子无才便是德"这种封建世俗的观念。不让家族中的女子上学，只允许她们听女先生给她们讲《女诫》《内训》等教授女子"三从四德"的书籍。

然而苏雪林从小就是个渴望知识的孩子，每次听哥哥们谈论课堂上先生所教的知识时，心下无比羡慕。在她多次央求下，祖母最终没有抵得过苏雪林的软磨硬泡，终于松口允许她跟着兄弟们在祖父衙署所设的私塾里跟读。而从未接受过任何辅导教育的苏雪林只能囫囵吞枣似的跟着大家背诵《三字经》《千字文》等。

虽然不解其意，但是苏雪林还是刻苦学习。7岁的苏雪林在私塾只跟读了两年，随着洋学堂的兴起，家里的男孩子都去学校就读。而苏雪林不得不辍学回家，因为她知道，祖母是一定不允许她去学校上学的。辍学在家的苏雪林，利用在私塾所学的汉字，从哥哥们那里借一些通俗的小说自读。渐渐地她能读懂的书越来越多，从此她那颗寂寞的心终于找到了新的寄托。哥哥们相继进入上海的新式中学或大学，每年寒暑假回家的时候，都会给苏雪林带回来一些图书和当下流行的报刊。苏雪林也因此接触到了更多的外面的信息，更加坚定了外出读书的信念。

1914年，苏雪林的父亲因为工作原因，决定迁居安庆。恰巧她的一位叔叔从日本留学刚刚归国，思想开明。他见到苏雪林如此的用功，便劝说苏父让苏雪林至少完成小学的学业。随后被说服的苏父，把苏雪林送进了当地一个基督教监办的小学读书。半年后，苏雪林再一次辍学，随母亲一同回到老家居住。不久后苏雪林听闻，安庆省立初级女子师范重新开始招生，当下回到家中便上演“一哭、二闹、三上吊”的戏码，迫使祖母与乡里那些顽固的长辈不得不同意让她去上学。成名后的苏雪林在回忆这段时光时，这样说道：“愈遭压抑，我求学的热心更炽盛燃烧起来。当燃烧到白热点时，竟弄得不茶不饭，如醉如痴，独自跑到一个离家半里，名为‘水上’的树林里徘徊来去，几回都想跳下林中深涧自杀。若非母亲因对女儿的慈爱，战胜了对尊长的服从，携带我和堂妹至省城投考，则我这一条小命也许早已结束于水中了。”

1915年，苏雪林顺利考入安庆省立初级女子师范。1919年毕业后，留在安庆省立附小教书。然而苏雪林并未满足于这样的生活，她想学习更多的知识，做更多有意义的事情。于是便向家中长辈提出想继续上学的愿望。可是这次无论怎么央求，长辈们都没有同意。郁郁寡欢的苏雪林，每天压抑地过着自己不想继续的生活。在苏雪林未成年的时候，家里便给她定了一门婚事，约定待两人成年以后便完婚。当时已经21岁的苏雪林早已成年，又因为最近苏雪林闹着要继续升学，所以祖母想，是不是结了婚，就能使苏雪林收住性子在家安心地相夫教子了。

于是便安排两家人见面，打算把婚礼的事情定下来。不知道从哪里听到这个消息的苏雪林，当时经受不住打击，大病了一场。因祸得福，苏雪林病倒以后，家人再也没有跟她提过婚事，也同意了她想升学的愿望。同年，苏雪林离开安庆，考上了北京女子高等师范学校国文系。由于她报名的时间比较晚，所以只能暂时以旁听生的身份去上课。最后在国文系系主任陈钟凡的帮助下通过了考试，让她从旁听生转为正班生。苏雪林在北京女子高等师范读书时，正值“五四”爱国运动期间。

这次运动给沉稳压抑的文学界带去了一股生机勃勃的力量。在新的思潮影响下，苏雪林的内心也发生了翻天覆地的变化。她在《已酉自述——从儿时到现在》中提到过：“……我便全盘接受了这个新文化，而变成一个新人了。”同时在这所学校里，她还邂逅了一场无果的单相思。苏雪林在北京女子高等师范上学的时候，恰巧胡适也在北京女子高等师范任教。

每次上课苏雪林都提前到达教室，找一个比较靠前的位子坐下，等待着胡适来上课。胡适平时待人温顺谦和，在讲台上也是个风采俊逸的老师。这样的男子与苏雪林心目中那个“他”极为相似，那是她自己勾画出的可以共度一生的人。于是，苏雪林便芳心暗许，十分仰慕这位文采出众的老师。而每次苏雪林与胡适相遇的时候，她都会紧张得不知道怎么去掩饰自己对他的爱慕。时间悄悄地流淌，苏雪林起初对胡适的仰慕之情，逐渐变成了一种柏拉图式的爱恋。

胡适的宽容与待人接物的气度，深深折服了苏雪林。苏雪林即使知道胡适已经结婚了，却也从未放弃过对胡适的爱恋。苏雪林曾说过：“恋爱，无论肉体和精神，都应当有一种贞操，而精神贞操之重要，更在肉体之上。”

1921年秋天，苏雪林为了躲避家人的逼婚，同时也想圆自己出国留学的梦想，便偷偷瞒着家里考取法国里昂海外中法学院入学资格。在确认入学手续，与出国手续都办理妥当以后，苏雪林在临行前一晚才同自己的母亲讲，她要去法国留学的事情。无奈之下，母亲不得不放她远渡海外。

来到海外中法学院后，她先是主修西方文学，后学习绘画艺术。到达法国后，苏雪林因水土不服，经常生病。有一次苏雪林患上了很严重的病，在异国他乡的病房里，憔悴的苏雪林在窗前静思。大概是在想念家人吧，因为当护士进来的时候，总是会看到一脸泪痕的苏雪林坐在病床上的寂寞身影。在留学法国期间，苏雪林曾与自己的未婚夫通过几次书信。在苏雪林看来，两人无论在性格上还是思想上都是极不搭调的。

于是，她写信给自己的父亲，寻求解除婚约的方法。苏父见女儿依旧没放下取消婚约的念头，便在回信中对她大加斥责。而苏雪林的母亲在听说女儿要取消婚约的事情后，大病了一场。在病床上的苏母找人请了个代笔写信的人，由苏母口述他人代笔，劝说苏雪林不要取消婚约。

其实，苏雪林并不是一个独身主义者，在法国留学期间，追求苏雪林的人有很多。苏雪林对待大多数追求者，都是以冷漠回应。唯独有一个男孩是例外的，因为无论苏雪林怎么无视，怎样对他嗤之以鼻，那个男孩依旧锲而不舍一如既往地天天向她示爱。当苏雪林被这份真情感动的时候，却突然收到了父亲去世、母亲生病的噩耗。没来得及回应对方的感情，便匆匆办理休学手续，回国照顾母亲。

当她回到安庆老家的时候，见到床上满脸病容的母亲，情不自禁地泪流满面。而床上的母亲却是盼望着她早点出嫁，让她去世前能看到自己的女儿出嫁的场景。为了了却苏母心中的夙愿，就这样，苏雪林放弃了自由，心不甘情不愿地嫁给这个五金商人的儿子张宝龄。苏雪林的丈夫，张宝龄，原籍江西，在上海约翰大学肄业后，赴美国留学，在麻省理工学院学习。毕业后回国接手了家族生意。在苏雪林从法国留学回来后，在双方家长的安排下，张宝龄迎娶了苏雪林。

与张宝龄完婚以后没多久，苏母便去世了。母亲去世后，苏雪林随丈夫到苏州定居。安顿好以后，苏雪林经陈钟凡先生介绍，先后在苏州基督会所创办的景海女师任教，同时在东吴大学兼授古典诗词课。平淡乏味的日子，就像是一杯存放了数年还未饮干的白开水，每一天都索然无味。这段婚姻本不是苏雪林所向往的，所以当苏雪林知道丈夫有了外遇以后，内心反而一片平静，她渴望的自由似乎又能够重新回到她的身边了，于是她立即向张宝龄提出协议离婚。恢复单身的苏雪林，再次体会到自由的难能可贵，便下定决心，再也不会让自己再次陷入这种两难的境地了。

随后的苏雪林再无心情把时间放在情感方面，她把所有精力都放在研究学问上。但是，她依旧没有放下对胡适的执念。1936年，鲁迅先生逝世。一个月后，当时在武大执教的苏雪林，在写给胡适的信中，理智全无地诋毁谩骂鲁迅先生。在信中写到："鲁迅虽死，鲁迅的偶像还没有死，鲁迅给青年的不良影响，正在继续增高。"虽然胡适与鲁迅早已交恶，鲁迅在世时，还会不时地出言讽刺胡适，但对于苏雪林如此无理地谩骂已过世的鲁迅先生，胡适心中很是反感。

在他给苏雪林的回信中说到："凡论一人，总须持平。

爱而知其深，恶而知其美，方是持平。鲁迅自有他的长处。如他的早年文学作品，如他的小说史研究，皆是上等之作。”但是苏雪林像着了魔一样，没有听从胡适劝告，把这两封信公开在武昌的《奔涛》上发表。这些内容随即引起了文艺界大多数人对苏雪林的不满，用她自己的话便是：“文艺界视我如异端，如化外之民，见了我都咬牙切齿，恨不得将我吞噬下去。”

随后的几年内，苏雪林所发表的一些言论都过于偏激，胡适反复给她写信，劝诫她：“有几分证据，说几分话。有五分证据，不可说六分话。”对于胡适的忠告，苏雪林有时会照做，有时却将它抛之脑后。1962年，胡适逝世。当苏雪林在广播中听到这个消息的时候，几乎晕厥了过去，随即便放声大哭。第二天立即赶到南港吊唁。回到台南后，苏雪林便写下了《冷雨凄风苦大师》等多篇文章来纪念胡适。

苏雪林的一生是不幸的，在那样一个封建的大家庭中，她无法与封建思想抗衡。所以她极力地想要到外面，去寻找抗衡它的力量。但是太过爱母亲的苏雪林，最终不只是败在封建礼教之下，更是败在自己亲爱的母亲身上。她无法抵抗来自母亲的哀求，只能舍弃自由来成全她的心愿。我们也只能为她感到惋惜。其实，现在这个社会，也存在好多这种现象。有的人迫于亲人的压力从而匆匆找一个相亲对象就结婚生子。在我看来这种行为是不负责任的。无论是对自己还是对自己的另一半，这种行为在我看都是不可取的。**我无法改变这个世界，但是我可以坚守自己的信念。**守住自己的心，不被任何事情所动摇，静静地等待着我的良人到来。你能做得到吗?

王映霞：时间淌平了心头的爱与恨

某天遇到消失好几日的同事。当我再见到她的时候，发现她憔悴了好多，便问起缘由。同事说她最近是刚刚离婚，又大病了一场，所以才会这么憔悴。拉起她的手走到了公司的休息室，关上门，轻声安慰她。她与丈夫起初很是恩爱，但是后来因为一些误会，两人便起了隔阂。后来便愈演愈烈，闹得不可开交，到了无法挽回的地步。说着说着她就哭了起来。即使后来误会澄清了，两人也无法复原曾经的甜蜜。无法再在一起生活的两人，只有离婚这最后一种解脱方式。看着哭得无比悲痛的她，我能给予的最大的安慰就是默默陪着她，给她精神上最大的支持。误会，真的是个可怕的东西，它能瞬间让甜蜜的爱情变成伤人的利器。

起初的情投意合，后来的你死我活，这应该算做是孽缘吧。这样的孽缘不禁让我想起了那个叫王映霞的美丽女子。

王映霞自幼长得十分美丽，有着“杭州第一美女”的称号。王映霞本姓金，自幼过继给外祖父王二南做孙女，接受着良好的文化熏陶。王映霞是杭州城里有名的名门淑女，绝色美人。1923年，聪慧过人的王映霞考入了浙江女子师范学校。

最好不相见，如此便可不相恋。

时光如水般流逝着，19岁的王映霞出落得亭亭玉立。也是在这一年，她遇到了那个让她又爱又恨的男人。1927年，1月14日，在王映霞好友孙百刚的家中，她遇到了这个男人。那一日，郁达夫去拜访一起留日的老同学孙百刚。还未进孙家的门，便向屋里喊着：“百刚！百刚——”，一进门便一把抱住这位多年未见的老同学。孙百刚急忙向他介绍自己的夫人，此时的孙夫人身侧还站着一位年轻美丽的女子，孙百刚介绍到：“这位是王映霞王小姐，是杭州学者王二南先生的外孙女。我们从温州一起逃难到上海来的。”

郁达夫悄悄地打量着眼前的这位女子。肌肤雪白，身材窈窕，一身织锦旗袍穿在她身上，将年轻的身体包裹得玲珑有致，白皙精致的脸上，一双剪水眸子盈盈欲滴，高挺的鼻梁英气逼人。这样的窈窕淑女，不禁让郁达夫错以为仙子下凡。

一个妙龄少女就这样不经意地闯入了郁达夫的心中。郁达夫想与王映霞有更多的交集，于是郁达夫大方地邀请大家去饭店吃饭，饭后还一起看电影逛街。这一天的郁达夫显得格外的兴奋。当他见到王映霞第一面的时候，他就知道，自己沦陷了，他彻底迷恋上了这个女子。

王映霞的出现，像是给郁达夫打了一剂兴奋剂，回到住处以后，郁达夫的脑里塞满了王映霞的影子。郁达夫将这些无处宣泄的情感都写在了日记中："南风大，天气却温和，月明风暖，我真想煞了映霞，不知她是否也在想我，此事当竭力进行，求得和她做一个永久的朋友。"在后来的日记中，郁达夫的相思之意更是表露得明显："咳嗽总是不好，痰很多，大约此生总已无壮健的希望了，不过在临死之前，我还想尝一尝恋爱的滋味。"

对于"郁达夫"这个名字，王映霞只是在她看过的书中或者先生们的口中才听到过，但是当遇到活生生的真人的时候，反而觉得有些不真实。郁达夫在邂逅了王映霞以后，便展开了热烈追求，即使当时王映霞已经订婚，即使他自己本人也是个有家室的人，但这些阻碍似乎都无法抵挡突如其来的爱情。

郁达夫觉得，爱了就要勇敢承认，没有什么可以阻挠他追爱的心。面对着郁达夫如此锲而不舍的追求，王映霞惶恐、迷茫、困惑、烦恼，又带有一丝丝的兴奋。如果说王映霞在郁达夫的世界里是误入凡尘的仙子，那郁达夫在王映霞看来，就是用尽手段想要撬开她心房的痴情种。

自那次初见以后，郁达夫几乎风雨无阻地日日到孙家报到。在王映霞的生日晚宴上，两人推杯换盏，彼此眉目传情，气氛甚是暧昧。孙家夫妇看出了事情的苗头，孙百刚便私下找郁达夫告诫他切莫冲动。当时的郁达夫已经被爱情冲昏了头脑，哪里还有理智可言，便对孙百刚说："让事实来证明一切吧！这一次是我生命的冒险，同时也是我生命的升华！"见劝说不了好友，孙百刚只好让她的妻子去点拨一下王映霞。当时的王映霞正处在一个迷茫的时期，听了孙夫人的劝说，只好暂时回了杭州。

最好不相知，如此便可不相思。

王映霞回到杭州，凌乱的心情渐渐平复。

日子一天天转为平淡，她的内心居然产生了一丝寂寞，开始怀念那个总是出现在他面前，并且毫不遮掩对她的爱慕的那个男子。耐不住寂寞的王映霞，在过年之后便又回到了上海，这次她住在了她的同学家里。临动身去上海的时候，王映霞给郁达夫写了一封信，告诉他，她要回上海了，并约他见面。诗人的理智是敌不过激情的，郁达夫在接到信的时候，便把身为一个已婚男人的全部理智粉碎掉了。

再次的重逢，彼此都在对方的眼中看到了暗涌的情愫。仿佛是离别的太久，他们有太多的话要在重逢以后诉说，不想有太多的人打扰，于是两人在江南大饭店找了一个房间，敞开心扉，互诉衷肠。接下来的几天，两人除了外出就餐，几乎所有的时间都是在旅馆里度过的。他们两个人的亲密程度究竟达到了怎样的地步已经并不重要，世人只知道，他们的关系已经如胶似漆，彼此难以割舍。

最好不相伴，如此便可不相欠。

相识，相知，相恋，最后步入婚姻的殿堂，是再正常不过的事了。1928年，王映霞嫁给了大她12岁的郁达夫。当时柳亚子赠予郁达夫的诗其中有一句便是“富春江上神仙侣”，说的便是王郁二人。订婚前，郁达夫在写给王映霞的求爱信中曾说过：“一切照你吩咐去做，此心耿耿，天日可表。对你只有感谢和愉悦，若有变更，神人共击。”可是，一直到两人结婚，郁达夫也没有处理好原配夫人与子女的事情，但是这些事，对于当时沉浸在幸福中的王映霞来说已不算什么，反正她已经铁了心跟着这个浪漫文人。婚后的王映霞对郁达夫百般柔情。为了给患有肺痨病体的丈夫调理身体，她每天想尽一切办法为郁达夫熬制补养身体的药膳。郁达夫也把他对妻子的爱，以“日记九种”的形式登报明示。那时的人们都知道，郁达夫有一个贤惠、聪明、漂亮的好妻子。

可是渐渐地，似火的激情淡了下来，两人个性的冲突就越发明显，因此总是摩擦不断。不修边幅大概是那个时代不少才子们的通病吧。郁达夫经常不梳头，不剃胡子，不擦皮鞋，更甚的是，有时候十天半个月也不洗澡。他的这种陋习使王映霞忍无可忍，就连他们自己也不知道彼此之间因为这种小事闹到剑拔弩张的地步有几次了。恋爱的时候纵然有百般的柔情，也架不住日常琐碎的折磨。王映霞开始思考，自己的下半生是否都要消耗在这个任性男人的生命里，这样的付出到底值不值得。

在1933年的时候，他们离开上海，举家迁回杭州老家，共筑爱巢“风雨茅庐”。王映霞曾回忆说：“（初回杭州）这就很自然地给我招来了不少慕名和好奇的来访者，增添了麻烦和嘈杂。从此，我们这个自以为还算安静的居处，不安又不静起来。比如，今天到了一个京剧名角，捧场有我们的份；明天为某人接风或饯行，也有给我们的请帖。什么人的儿女满月，父亲双寿，乃至小姨结婚等，非要来接去喝酒不可。累得我们竟无半日闲暇，更打破了多年我们家中的书香气氛。我这个寒士之妻，为了应酬，也不得不旗袍革履，和先生太太们来往了起来，由疏而亲，由亲而密了。所谓‘座上客常满，杯中酒不空’，正是我们那一时期热闹的场面。”刚回到杭州的几年，他们又过了段幸福的日子。

当王映霞以为她与郁达夫真的就可以这样安安稳稳地幸福下去的时候，他们的感情出现了危机。那是一件在郁达夫受邀去福建教书的时候发生的故事。王映霞带着其母与三个儿子到富阳、丽水、汉口辗转避难。由于长久的分离，两人的感情日渐疏离，王映霞心下不禁哀伤。

1938年10月18日，在她写给郁达夫信中抱怨道："别人都会在文章中称赞自己的妻子、爱人，只有你，一结婚后便无声无息，就像这世界上已经没有了这个人一样。做你的妻子，倒不如做个被你朋友遗弃了的爱人来得值得……"随后不久就有传言称，王映霞与当时浙江省教育厅厅长许绍棣之间有暧昧关系。这件事越传越开，后来传到郁达夫的耳朵里。郁达夫起初是不相信的，他认为自己的妻子不会做出这种出格的事情。

但当他在家中发现了妻子与许绍棣的暧昧信件的时候只能被迫接受了这个传闻。被愤怒与妒火冲昏头脑的郁达夫听不进王映霞任何的解释，当着好友的面大喊道："万万想不到她会这样不要脸！"王映霞从未受过这样的侮辱，心中万分委屈，夺门而出。王映霞的离家出走，让郁达夫恢复了一些理智，两人在双方好友的百般劝说下才勉强和解。这件事情的出现已经让他们的关系出现了裂痕，而出现裂痕的感情真的能破镜重圆吗？

两人和解之后不久，郁达夫便应邀到新加坡《星洲日报》出任编辑，于是一家人又举家匆匆奔赴南洋。虽然在武汉时，郁达夫与王映霞在郭沫若、田汉等人的调解下立下字据："从今以后，各自改过，各自奋发。"

但是到了新加坡以后，郁达夫又背着王映霞偷偷地在香港《大风》旬刊上发表了《毁家诗纪》。《毁家诗纪》文如其名，的确起到了毁家的作用。

在王映霞知道情况后，愤怒不已，但更多是伤心以及对这段婚姻的绝望。随后，郁达夫与王映霞正式离婚。这段当年轰动文坛的爱恋就这样以悲剧收场。12年的相濡以沫，最终各自分道扬镳。也许失去才知可贵，在王映霞走后的一段时间，郁达夫心中充满了懊恼，并以诗传情，希望能使王映霞回心转意。可是这次王映霞是对他彻底死心了，没有再回应郁达夫的任何恳求。

离婚后的王映霞带着满心伤痛回到了祖国，辗转定居在重庆。经旧交故友介绍，曾先后当过保育院的保育员、军委会特检处的秘书，后到外交部文书科做科员工作。经国民政府外交元老王正廷做媒，王映霞嫁给了当时任职于重庆华中航业局的钟贤道。在婚前，钟贤道曾向王映霞许诺：“我懂得怎样把你已经失去的年华找回来，请你相信我。”钟贤道用他的一生向王映霞证明了这个诺言。

王映霞与钟贤道的婚礼很盛大，章克标在《文苑草木》中这样描述：“他们的婚礼是十分体面富丽的。据说重庆的中央电影制片厂还为他们拍摄了新闻纪录片。他们在上海、杭州各报上登载了大幅的结婚广告，而且介绍人还是外交界名人王正廷，可见这个结婚的规格之高，怎样阔绰。”

当晚年王映霞回忆起他生命中这两个男人时说道：“如果没有前一个他（郁达夫），也许没有人知道我的名字，没有人会对我的生活感兴趣；如果没有后一个他（钟贤道），我的后半生也许仍漂泊不定。历史长河的流逝，淌平了我心头的爱和恨，留下的只是深深的怀念。”

/

所谓情深不寿大概形容的就是王英霞和郁达夫这段感情纠葛吧。轰轰烈烈的爱情燃烧着生命的激情，当激情燃尽，那爱情还能剩下多少。纵观古今中外，那些名噪一时、轰轰烈烈的爱情，又有几个能够最终甘于平静，在柴米油盐中消耗所剩无几的青春。

对待爱情，应该稳中求胜，细水长流。

陈衡哲：用自己的双手缔造美满

人生的际遇是不可预测的，我们不知道自己会在什么时候遇到什么人，更不会知道你的人生轨迹会在哪一个转折点改变。更有甚者，也许连你的信仰也会随之改变。如果改变能使你得到更多，那又何乐而不为呢。

今天听到一个故事，讲的是一个男子的际遇。这个男子从小听惯了父母争吵，见惯了父母大打出手的场面，这在他的心灵上造成了无法估计的伤害。那个男子对朋友说，他这一辈子都不会结婚。因为在他眼里，婚姻就是由无休止的争吵与毫不留情的暴力组成的。他惧怕婚姻，甚至连恋爱对他来说都是恐怖的。这样一个信誓旦旦说自己不会结婚的人，在遇到一个女孩后便立即忘记了他之前的所有誓言，与女孩结婚生子。现在的他拥有温柔的妻子与可爱的孩子，拥有一个美满幸福的家庭。誓言，在没有遇到那个让你颠覆前言的东西时，它永远都不会离开；一旦那个令你疯狂的东西进入你的生命轨迹，誓言会褪去所有的防御，等待你去打破它。

在我的印象中，也有这样一个为了爱情打破自己“独身主义”信仰的女子。她就是陈衡哲。

1890年7月28日，在江苏省武进县城的一个书香家庭，随着一阵强而有力的啼哭声，一个女娃娃呱呱坠地。这个女娃娃便是日后被世人称为“一代才女”的陈衡哲。陈衡哲自幼受到家庭与传统文化的熏陶，13岁的时候就开始对知识产生了强烈的渴求。她央求母亲，让她跟随舅舅一起去广东上学。在陈衡哲的不懈努力和舅舅的劝说下，她的母亲终于答应了她的请求。当时的她在知道母亲已经同意了自己去广东读书以后，便控制不住地大哭了一场。再后来陈衡哲回忆起当时为什么会哭时是这样说的：“这哭是为着快乐呢，还是惊惧，自己也不知道。但现在想起来，大概是因为这个决定太重要了，太使我像一个成年人了，它在一个不曾经过感情大冲动的稚弱的心灵上，将发生怎样巨大的震荡呢？”其实她也不知道自己当时为什么会落泪，而且哭这件事情本身也并不一定代表的就是伤心。

跟随舅舅到达广东的陈衡哲，由于年龄不够，所以只能在家学习。但是在家学习的陈衡哲一刻都没有偷懒，她先后跟舅舅学习了《普通新知识》《国民课本》，大量地阅读一些充满新观念的报章杂志。在陈衡哲看来，这种大量的阅读和学习，让她感受到了自己的变化。在她日后提起这段时间的感受时，在《我幼时求学的经过》一文中这样写道："（舅舅）对于现代的常识，也比那时的任何尊长为丰富，故我从他的谈话中所得到的知识与教训，可说比从书本上得到的要充足与深刻得多。经过这样一年的教诲，我便不知不觉的由一个孩子的小世界中，走到成人世界的边际了。我的知识已较前一年为丰富，自信力也比较坚固，而对于整个世界的情形，也有从井底下爬上井口的感想。"

陈衡哲对她的舅舅一直怀着感激之情，这种感情在陈衡哲写的文章中都有提及："督促我向上，拯救我于屡次灰心失望的深海之中，使我能重新鼓起那水湿了的稚弱的翅膀，再向那生命的渺茫大洋前进者，舅舅实是这样爱护我的两三位尊长中的一位。他常常对我说，世上的人对于命运有三种态度，其一是安命，其二是怨命，其三是造命。他希望我造命，他也相信我能造命，他也相信我能与恶劣的命运奋斗。”

她在舅舅过世的时候，曾写过一对挽联：“知我，爱我，教我，诲我，如海深恩未得报；病离，乱离，生离，死离，可怜一诀竟无缘”。这对挽联中真实地体现出陈衡哲对舅舅的感情。在广东待了一年后，陈衡哲离开舅舅家，回到江苏常州的姑母家里。在姑母家里，陈衡哲接受了系统的教育，使她在学习上得到了极大的鼓励和信心。

1911年的冬天，陈衡哲跟随她的舅母，来到了上海这个新思潮浓郁的世界。这一年她考上了蔡元培等人创办的爱国女校。由于之前在舅舅家做过很多功课，因此学校里学的知识对于陈衡哲来说完全没有什么陌生感，反而轻车熟路，所以，学业上的进步对于陈衡哲来说倒是没有太多的新鲜感。但她在学校所学的英语，却给了她极大的帮助，甚至助她在日后考取了清华学堂赴美留学的资格。

1914年夏天，清华学堂（当时是留美预备学校）到上海招生，一旦被录取，便可以得到保送赴美深造的机会。而这一次的考试招生，是第一次允许女生参加。得到这个消息的陈衡哲在家人的鼓励下前去报名考试。凭借她扎实的知识基础，和在爱国女校学习的英语，她成功地取得了赴美留学的机会。到了美国后，她先进入一所女子学校进修英语，后考入瓦萨女子大学历史系，主修西洋历史。Sophia Hung-Che Chen (莎菲·陈衡哲)是她当时用的英文名字。

进入大学的陈衡哲就像发现了一块新大陆，在这片大陆上，有她从未接触过的知识，也有她以前都没有听闻过的东西。总之，这里让她大开眼界。原本的陈衡哲是个“独身主义”的信奉者，抱着终身不嫁的想法，拒绝了一批又一批的追求者。然而这个她认定了的想法，却在遇到任鸿隽后悄然转变了。1915年夏天的一个下午，任鸿隽（当时在康乃尔大学学习的任鸿隽是《留美学生季报》的主编）收到了一个名为“莎菲”的来稿，稿名为《来因女士传》。当任鸿隽读完这篇来稿时，便认定这个作者是个写小说的天才。毫无疑问的，对于这样的好文章，任鸿隽怎能不发表在《留美学生季报》呢。于是当年《留美学生季报》秋季号上便有了《来因女士传》的一席之地。在这篇文章发表之后，任鸿隽不想错过这样一个好的小说天才，于是便给“莎菲”回信，向她约稿。

1916年的暑假，任鸿隽组织了一次小型的聚会，除了邀请一些老朋友外，还邀请了陈衡哲，这是陈衡哲与任鸿隽的第一次见面。任鸿隽在第一次见到陈衡哲时，便爱上了她。

这个文笔极佳的女子，在任鸿隽的眼中就像一朵空谷幽兰，在孤山辟谷中，独自绽放着自己的美丽。仿佛世间一切的纷扰，在陈衡哲的眼里都可以淡化，销匿无踪。在回到学校后，任鸿隽便为陈衡哲作了一首诗《为陈衡哲女士题异兰记》：“新陆不复见兰蕙，每忆清芬心如醉。何来幽介空谷姿，为君采撷书中缀。瓣蕊纷披香未残，葱茏细茎叶微宽。莫向湘沅觅彼偶，似此孤芳岂多有。”任鸿隽在他的《五十自述》中写过：“遂一见如故，爱慕之情与日俱深，四年后乃订终身之约焉。”只此一眼，便认定了终生。

随后，任鸿隽从康乃尔大学毕业，考入哥伦比亚大学攻读研究生。哥伦比亚大学与陈衡哲所在的瓦沙女子大学只有三个小时的路程。在学校休假的时候，任鸿隽约上好友胡适，前往瓦沙女子大学拜访陈衡哲。三人在一起讨论白话文学的可能性和可行性。陈衡哲与胡适一见如故，顿有相见恨晚的感觉。

当时的胡适，正在呼吁文学革命，而他的主张在这批留学生中并没有得到大家的认同，即使是他最好的朋友任鸿隽也对他持有保留意见。而在与陈衡哲相遇以后，胡适找到了知音。他与陈衡哲的想法极为相似，并且陈衡哲对于胡适的想法毫无保留的认同。对于胡适来说，陈衡哲是一位与他趣味相投的红颜知己。而他们之间的互动，更像是斗智的文字游戏。仅仅是一个称呼，他们也能大做文章相互调侃。

1916年11月1日，胡适率先向陈衡哲“发难”，在寄给她的信中写到：“你若‘先生’我，我也‘先生’你。不如两免了，省得多少事。”随后，陈衡哲在收到信不久之后就之前那封关于“先生”的信展开了反击。她在回信中写道：“所谓‘先生’者，‘密斯特’云也。不称你‘先生’，又称你什么？不过若照了，名从主人理，我亦不应该，勉强‘先生’你。但我亦不该，就呼你大名。还请寄信人，下次寄信时，申明要何称？”

两人在这个称呼的问题上耗费了太多的时间和精力。最后陈衡哲抱着以和为贵的想法，匆匆收兵，以认输的口吻回复到：“先生好辩才，驳我有口不能开。仔细想起来，呼牛呼马，阿猫阿狗，有何分别哉？我戏言，本不该。下次写信，请你不用再疑猜：随你称什么，我一一答应响如雷，决不再驳回。”

这种文字游戏，在我们看来是极其寻常的，可是在20世纪初的时候能这样畅所欲言不去避讳什么，是极其困难的。陈衡哲的“独身主义”除了对任鸿隽有了一丝松动之外，对其他人来说一直都是贯彻始终的。她与胡适的感情，在她认为那只是自始至终都无法变异的稳定关系。只有这样，才能让两人更久远的一起谈天说地。曾经有人怀疑过胡适与陈衡哲是有感情的，他们也确实是有感情，只不过他们的感情无关情爱。多年以后，在胡适出版的中国第一部白话诗集中收录一篇《我们三个朋友》之作。而任鸿隽便作了一首减字木兰词，以此呼应。三人的友情，在文坛上一度被传为佳话。

胡适对于任鸿隽与陈衡哲的恋情，他看的是最清楚的。也是在胡适的帮助下，两人的感情才有了很大的进展。虽然对于陈衡哲来说，任鸿隽是特殊的，但是依旧没有特殊到让她放弃“独身主义”的执念。而任鸿隽自从与陈衡哲相识以来，对陈衡哲的示爱就从来没有间断过。

将这一切看在眼里的胡适，着实为任鸿隽感到无比的心痛。他心痛这个好友的付出看不到回报，他也心痛那个看似已经动心的女子，却一副死守不放的状态抗拒任鸿隽的示好。两人都是自己最要好的朋友，胡适实在看不下去他们这样折磨自己。

一日任鸿隽又借诗传情，其中有一首是“不知近何事，明月殊恼人。安得驾蟾蜍，东西只转轮”。不日胡适便把这首诗改为："不知近何事，见月生烦恼。可惜此时情，那人不知道。"直接明了的在问陈衡哲，是否知晓任鸿隽对她的情。而陈衡哲依旧在这件事上默不作声，不做任何答复。其实那时候的陈衡哲对于任鸿隽的求爱还是有察觉的。她不是不知道任鸿隽对她的爱恋，只不过她的内心也在挣扎。是否要接受这份执着而又热烈的爱。她无法预知未来，也不想去冒险尝试。所以她对待任鸿隽的态度就是不回应，也不回避。所以在外人的眼里，她与胡适的关系似乎要比她跟任鸿隽亲密得多。当时好多人都以为陈衡哲一直不肯接受任鸿隽是因为她爱上了胡适。三个人的事，只有他们三个当事人最清楚，如果任鸿隽知道陈衡哲喜欢的是胡适，他又怎么会那么契而不舍地追求她呢?

1918年，任鸿隽从哥伦比亚大学毕业，获得哥伦比亚大学化学硕士学位。随后回国，用近两年的时间进行社会调查"以观国中局势"。在任鸿隽的《五十自述》中提过这段时间："在上海期间，任鸿隽经常造访孙中山。当时孙中山蛰居在莫利埃路私宅，正在撰写《孙文学说》。孙中山将涉及科学的部分嘱托任鸿隽校对，'并力言留学生应自有组织以图于国家有所贡献。'任鸿隽向孙中山汇报了科学社的组织情况，孙中山表示很赞同。其后，科学社事业得到国民政府多次资助，对其发展壮大起了很积极的作用，‘盖承孙中山之志也。’”

1919年，实在抵挡不住思念的任鸿隽放下手中一切事务，从三万里（从中国到美国）外带着诚意来到了陈衡哲的面前，向她求婚。他的坚持不懈和诚恳的态度，终于打动了陈衡哲的心。在她29岁的这年，她打破了“独身主义”的坚持，结束了单身生活，与任鸿隽订立婚约。

在答应了任鸿隽的求婚以后，陈衡哲在给三姐的家书中提到了任鸿隽当时的想法：“他对于我们的结婚有两个大愿望。其一是因为他对于旧家庭实在不满意，所以愿自己组织一个小家庭，俾种种梦想可以实现。其二是因为他深信我尚有一点文学的天才，欲为我预备一个清静安闲的小家庭，俾我得一心一意的去发达我的天才。”

翌年，陈衡哲也结束了在美国留学的日子，回国后便接受北大校长蔡元培的邀请，成为了北大历史系教授。30岁的她，成为了中国历史上第一位女硕士，执教北京大学的第一位女教授，同时也是中国近代史上第一位女教授。

1920年9月27日，陈衡哲与任鸿隽在北京完婚，北大校长蔡元培担任证婚人。胡适送两个人的贺联“无后为大，著书最佳”，颇具戏谑的意味。同年，胡适在《新青年》发表了他的新诗《我们三个朋友——赠任叔永与陈莎菲》：“雪全消了，春将到了， 只是寒威如旧。 冷风怒号，万松狂啸， 伴着我们三个朋友。风稍歇了，人将别了—— 我们三个朋友。 寒流秃树，溪桥人语—— 此会何时重有？”婚后，陈衡哲相继在国立东南大学和国立四川大学任教，专教西洋史。1922年，陈衡哲进入商务编译所任职编辑。在她任职期间，主要编写了《西洋史》上下两册。胡适对《西洋史》给予了很高的评价，在书评中写道：“陈衡哲女士的《西洋史》是一部带有创作的野心的著作。在史料的方面，她不能不依赖西洋史家的供给；但在叙述与解释的方面，她确做了一番精心结构的功夫。这部书可以说是中国治西史的学者给中国读者精心著述的第一部西洋史。就这一方面说，此书也是一部开山的作品。”

陈衡哲在母亲、妻子、学者等多重角色的互换中，时常感觉力不从心。于是她便写信给任鸿隽的三姐，在信中提及：“今秋日本之会，我十分想去，但家中又没有人了，小孩子不放心，你如肯先来，俾我能得到一点自由，那真是感激极了。”这寥寥数语，活灵活现地展现了一个女人的坚韧和无奈。

陈衡哲的一生是幸运的，有一位呵护体贴的丈夫，有一个温馨美满的家庭，还有一个趣味相投的蓝颜知己。在她打破自己信仰的时候，她就知道将来留给她的会是无尽的满足。作为一个女子，只有明确地知道自己想要什么，坚守住自己的信念，便可以无所畏惧的去迎接任何挑战。

凌叔华：自然怀抱里成长的出水芙蓉

都说世间的情爱是最为珍贵的，可是这珍贵的爱情，又有几人能真正拥有呢？身边的朋友，或多或少都被情伤过。一个情字，包含多少的喜怒哀乐，隐藏了多少的悲欢离合。而命运的作弄往往是对彼此感情最致命的打击。看着此时独坐在花园中独自悲伤的女子，心不由得一沉。如果老天不想成全两人，又何必让她在这场爱情旋涡中越陷越深，最后无法自拔。

她是自幼与我一起长大的玩伴，双方父母都是多年的好友，而且那时我们两家还是邻居，我们的感情比亲姐妹还要亲。如果我能预料到，她与她那位所爱之人会是这样的结局，当初就算拼尽一切也不会让他们相识的。在所有人都认为他们即将步入婚姻殿堂的时候，却不曾想过有一日他结婚了，而新娘不是她。见着日益憔悴的玩伴，心中莫名的恐慌。现在唯一期望的便是她自己有一天会想通，自己早日打开那个无形的枷锁，释放自己最初的活力。希望她能早日遇到一个稳重踏实的男人陪她度过一生。

看到此时的好友，让我不禁想起一个人来，一个也是因为一场"阴错阳差"而错过一段美好姻缘的人。她便是文学界的奇女子凌叔华。在经历一场错过以后，凌叔华收获了那个与她一生相伴的男子，即使后来凌叔华做出了一些出格的事情，这位男子依旧对凌叔华关爱有加。

凌叔华出生于北京的一个书画世家，从小就受到家庭中浓浓的文学艺术熏陶。自幼她便表现出了在书画方面极高的天赋。从小绘画师承缪素筠（慈禧太后的画师），文学方面还受到过辜鸿铭的指点。在凌叔华七八岁的时候，曾先后拜当时山水兰竹画家王竹林与女画家郝漱玉为师，这为她的绘画技艺打下了坚实的基础。凌叔华在天津第一女子师范学校读书的时候，便展露出她在文学创作上的天赋。在校期间，凌叔华总是尝试在校刊上发表作文。

鲁迅在他的《（中国新文学大系）小说二集序》中这样评价过凌叔华："……凌叔华的小说，却发祥于这一种期刊《现代评论》的，她恰和冯沅君的大胆，敢言不同，大抵很谨慎的，适可而止的描写了旧家庭中的婉顺的女性。即使间有出轨之作，那是为了偶受着文酒之风的吹拂，终于也回复了她的故道了。这是好的——使我们看见和冯沅君、黎锦明、川岛、汪静之所描写的绝不相同的人物，也就是世态的一角，高门巨族的精魂。"

1922年，22岁的凌叔华考入了燕京大学，与谢婉莹（冰心）成为了同学。一年后，升入本科外语系，主修英文，辅修法文与日文。1924年，印度著名诗人泰戈尔访华，作为燕京大学学生会代表的凌叔华，也参加了欢迎宴会。她先是代表燕京大学写邀请函，后又在自己家中招待泰戈尔。在招待泰戈尔的过程中，她结识了日后与她牵扯不清两个男人——徐志摩与陈源。徐志摩与陈源同时担任泰戈尔访华期间的接待工作。在招待宴上，徐志摩、陈源与凌叔华相遇了。三人相遇后，在短时间内便结下了深厚的友谊。那时的北京，新月社每个月都会定期举行一次聚会，聚会由徐志摩主持。而在招待泰戈尔时结识的林徽因、凌叔华和陆小曼夫妇先后加入了新月社。而那时的三人早已声名远扬了。

最初，徐志摩是极其欣赏林徽因的。在他看来，他与林徽因相见恨晚，于是对她展开了猛烈的追求。可惜当时的林徽因因有婚约在身，始终对徐志摩以礼相待。而凌叔华与陆小曼则完全地倾倒在徐志摩的才气之中，总是若有若无地接近徐志摩。而陈源自从在招待宴上见到凌叔华以后便对她日夜想念，开始与她相互通信，借此加深感情。然而那时的凌叔华，满眼都是徐志摩的身影，完全没有察觉到陈源对他的爱慕之意。在苦追林徽因无果后，徐志摩发现了凌叔华与陆小曼对他的情愫。

于是他慢慢地尝试去接受两人的感情。徐志摩很享受这种双美在侧的感受，于是他同时保持着与两个人共同交往，相互通信。由于当时陆小曼已是罗敷有夫，所以徐志摩更倾向于还是单身的凌叔华的示好。而泰戈尔也曾经对徐志摩说过，凌叔华相较于林徽因“有过之而无不及”，且徐志摩本人对凌叔华的才貌也是极为欣赏的。

徐志摩人生中第一次，也是唯一一次为他人的小说作序的机会便是给了凌叔华的小说处女作《花之寺》。而徐志摩的首部诗集《徐志摩的诗》出版时，扉页上的题词“献给爸爸”，便是出自凌叔华之手。可见当时两人的感情是极其稳定的。从两人频繁的通信往来和一同出席各种聚会的情形来看，两人的情感已经远远超出了友情的范围。徐志摩对曼殊菲尔（英国女作家，主要作品有《幸福》《花园茶会》）一直怀着一份特殊的情感，徐志摩曾这样称赞曼殊菲尔“像夏夜榆林中的鹃鸟，呕出缕缕的心血制成无双的情曲，即便唱到血枯音嘶，也不忘她的责任是牺牲自己有限的精力，替自然界多增几分的美，给苦闷的人间几分艺术化精神的安慰”。

对于曼殊菲尔的外貌，徐志摩是这样形容的“（曼殊菲尔）眉目口鼻子清之秀之明净，我其实不能传神于万一；仿佛你对着自然界的杰作，不论是秋水洗净的湖山，霞彩纷披的夕照，或是南洋莹彻的星空，你只觉得它们整体的美，纯粹的美，完全的美，不能分析的美，可感不可说的美……”那惊为天人的美丽，让徐志摩一直记挂在心。而徐志摩却称凌叔华为“中国的曼殊菲尔”，不难看出徐志摩对凌叔华也是心生爱慕之意的。可是命运却没有让两个人如愿以偿地走到一起，而是在阴差阳错之下生生错过了今生相守的机会。

1924年，徐志摩刚从印度回国，便同时收到了凌叔华与陆小曼的两封来信，信中尽是一些暧昧的问候。徐志摩的父亲徐申如对于儿子的情史是略有耳闻的，徐父本身就很欣赏凌叔华，所以并没有对儿子过多干预。在徐志摩回国的第二天，徐父来到徐志摩暂住的旅馆看望儿子，与他一同前来的还有陆小曼的丈夫王赓。

得知父亲到来，又深知父亲极其喜欢凌叔华。所以当徐父来到旅馆的时候，徐志摩便随手在枕边拿出了一封信，跟徐父说，这是凌叔华给她的信。接过信后的徐父当即打开读了起来。而站在一旁的王赓，看见信上的字体与说话的语气，这明显就是陆小曼写的信，顿时脸色大变。当徐志摩注意到王赓脸色的时候，便匆忙地扫了一眼自己枕边的另一封信，心中知晓这次自己闯了大祸。原来他随手递给父亲的不是凌叔华的信，而是陆小曼写的那一封。王赓脸色及其难看的离开了旅馆，而徐父也一脸无奈地独自离开了。

这样的一次意外，改变了三个人的命运。徐志摩与凌叔华便就此错过，再无交集。而陆小曼则因这次事件，正式与王赓离婚，回到了北京。不久后，便与徐志摩结成夫妻。日后，徐志摩曾亲口对好友蒋复璁说过：“看信这一件事是‘阴错阳差’，而最终使得王赓与陆小曼离婚却也是因我而起，我自有责任去承担这一切。”徐志摩敢作敢当，于1926年10月的一天迎娶了陆小曼。凌叔华也曾对“拿错信”事件公开澄清过，她说：“说真话，我对徐志摩向来没有动过感情，我的原因很简单，我已计划同陈西滢结婚，陆小曼又是我的知己朋友。”自此，徐志摩、凌叔华和陆小曼这三人的三角暧昧关系以最终陆小曼嫁给徐志摩而尘埃落定。

凌叔华本就是个生性豁达之人，对于徐志摩的事，在神伤了一阵子后便恢复了往日常态，继续以朋友的身份与徐志摩来往。而徐志摩也把凌叔华当成了可以托付一切的红颜知己。

1931年，徐志摩因飞机失事而失去了宝贵的生命。随后凌叔华便在《晨报.学园》上发表了《志摩真的不回来了吗？》来悼念这位特殊的好友，在文章中她深情地呼唤：“我就不信，志摩，像你这样一个人肯在这时候撇下我们走了的。平空飞落下来解脱得这般轻灵，直像一朵红山棉（南方叫英雄花）辞了枝柯，在这死的各色方法中也许你会选择这一个，可是，不该是这时候！莫非你（我想在云端里真的遇到了上帝，那个我们不肯承认他是万能主宰的慈善光棍），他要拉你回去，你却因为不忍甩下我们这群等待屠宰的羔羊，凡心一动，像久米仙人那样跌落下来了？我猜对了吧，志摩？……你真的不回来了吗？”

在知道与徐志摩相守无望后，凌叔华便收起了所有对徐志摩的幻想。当她不再对徐志摩痴恋的时候，她惊奇地发现，原来自己身旁也有一个痴痴守望着自己的人儿。正应了那句“蓦然回首，那人却在，灯火阑珊处。”这个人便是陈源。

自从上次陈源与凌叔华一起接待了泰戈尔以后，陈源便对凌叔华念念不忘。当他得知凌叔华与徐志摩的一些事情以后，他也曾矛盾过，也有过要放弃的念头。但是他想，既然爱了，那就爱到底，只要凌叔华一天不正面拒绝他，他就还有希望。

皇天不负有心人，老天爷终于听到了陈源的心声。也许是陈源的坚毅与赤诚感动了上苍，所以才有了那次的“阴差阳错”，使凌叔华有机会回转头，看到默默守护的他。这种被陈源默默呵护着的感觉，温暖了凌叔华因“拿错信”事件已经冰冷的心。凌叔华从未体会过这样的温暖，即使在跟徐志摩暧昧交往的时候也没有过这样的安心。如果说徐志摩像是一片大海，那么凌叔华就像海中飘荡的浮萍，从来没有体会过一丝安全感。而陈源就像大地，他可以让凌叔华将自己的根部深扎在泥土里，感受到无比地踏实与安心。

凌叔华有些懊恼，她懊恼的是怎么没有早一些发现陈源对她的好，这样她便可以早一些享受到这种安心踏实的感觉。同时她也在庆幸，庆幸自己的及时醒悟，才能发现这个一直在自己身边的陈源。所以当陈源再次向自己表达爱慕之情的时候，凌叔华毫不犹豫地应允了。

1926年6月，凌叔华以优异的成绩从燕京大学外文系毕业，并获得了燕京大学的金钥匙奖。应北京故宫博物院书法绘画部门的邀请，任职于此。同年7月，她与陈源在北京结婚。在结婚前，凌叔华还给胡适写过一封信，重点讲了她与陈源结婚的事情："在这麻木污恶的环境中，有一事还是告慰，想通伯已经跟你说了吧？适之，我们该好好谢你才是。……这原只是在生活上着了另一种色彩，或者有了安慰，有了同情与勉励，在艺术道路上扶了根拐杖，虽然要跌交也躲不了，不过心境少些恐惧而已。"在信中，凌叔华明确地表达了自己对这段婚姻的期望与满意之情，同时也透露出她对陈源无比的信赖和感激之情。

当时的陈源，已是一个小有名气的评论家，所以婚后凌叔华与陈源并没有共用一个书房。而凌叔华在创作新作品的时候，总是要对陈源严加"保密"的。因为她生怕一个不小心，被这位评论家看到后，会用他犀利的言语批判她未发表的作品，就像用冰块将她的文思与创作激情冻结，使她失去再继续创作下去的动力。而陈源写好文章后也不给凌叔华看，只有发表之后才会告知对方。

婚礼后两人还携手同游日本。在旅居日本的那段时间里，他们共同出游，欣赏各地美景。一日，他们相约同游富士山。走在山间崎岖的小路上时，陈源看见了一家租马店。陈源见道路不是很平稳，而且路程也不是很近，于是问凌叔华要不要租两匹马骑着走，这样会快一些，也不用费力气。凌叔华没有同意陈源的提议。她想，既然来看山景，自然是自己一步一步爬上去才有意义。

陈源见凌叔华如此的坚持，便不再与她争辩，只给自己租了一匹马。凌叔华见陈源租了马，便不让他骑，伸手抢过缰绳，自己牵着马走。没走多远凌叔华就感到累了，这时她才知道，之前陈源租马是个多么明智的选择，但又不想让陈源看她的笑话，于是找了个借口，说是他们租马不骑实在是浪费，而这匹马又太瘦小无法承受两个人的重量，更不想自己骑上去先走。便同陈源一同回到之前租马的铺子，又租了一匹马。陈源怎么会不知道凌叔华的真实想法，当初要租马就是怕两人走到半路的时候会累，才有此提议。见凌叔华坚决反对，他就只好给凌叔华租了一匹。这回见凌叔华自己要去租马，心想，这是感到累了，可是自尊心很强的妻子怎么可能服软承认刚刚的失策，只是找了个借口回去再租一匹罢了，心下暗自好笑，却也不好揭穿她，还故意装出了一副嗔怪妻子的表情。这只是他们日常生活中的一件小事，但是不难看出，他们两人之间的默契与宠溺，还有对对方深深的爱意。

1928年，凌叔华与陈源接到武汉大学的应聘书，陈源来到武汉大学任教授兼文学院院长及外国文学系主任，而凌叔华也在武汉大学任教授。最初两人住在武昌西北的昙华林，初到武汉对这个城市还不是很熟悉，而且比起武汉的生活，凌叔华更想去法国留学，以便发展自己的绘画事业。刚到武汉时的凌叔华难免会感到一些孤寂，这一点在她给胡适的信中提到过："自来武昌，一冬愔愔的白过了。"来表达她对这里的不满。虽然感到孤独，可是凌叔华却从未停止过创作的脚步。在武汉这三年的时间里，她不仅获得了"新月圣手"称号，还结识了同在武汉大学教书的袁昌英和苏雪林，三人志趣相投，很快便成为了关系密切的挚友。随后由于武汉大学新校址落成，凌叔华与陈源的家搬到了武昌美丽的珞珈山上。武汉的珞珈山风景秀丽，是个极其诗情画意的地方。于是凌叔华与袁昌英、苏雪林经常相约一起登山，观景，还常常在此谈诗论画、说文解字。很快，她们三个人便拥有了"珞珈山三杰"的美称。袁昌英和苏雪林的出现，使凌叔华的寂寞孤独变成了丰富多彩，从而改变了她的心境。

随着生活和心境的改变，凌叔华对于离家出游的想法越来越渴望。于是在征得陈源的意见以后，她便踏上游历的旅程。在她游历的这段时间里，她接触了许多的新鲜事物，使她不再感到寂寞空虚。她在1933年给胡适写信的时候曾提及过："这两三年我的脚没有停过，我的耳目不在城里在乡里，我比我们的朋友多认识一些真的中国人，他们是平凡穷困的人。"可以想象得出，当时的凌叔华生活的是多么多姿多彩。

凌叔华是位很有气质的美女。她温柔善良，真诚坦率且又对人十分热情，让人很难不被她的气质所吸引。苏雪林在她写的《其文其人凌叔华》中提到过："叔华固容貌清秀，难得的她居然'驻颜有术'。步入中年以后，当然免不了发胖，然而她还是那么好看。……叔华的眼睛很清澈，但她同人说话时，眼光常带着一点儿'迷离'，一点儿'恍惚'，总在深思着什么问题，心不在焉似的，我顶爱她这个神气，常戏说她是一个生活于梦幻的诗人。"这样的毫无保留的赞美可见当时凌叔华真的是很得人心。这样吸引人的凌叔华，在结婚后还曾有过一段异国恋情，虽然这段爱恋以失败告终，但是每当回想起来的时候，凌叔华还是能记起那种怀念与甜蜜。

1935年，凌叔华与陈源结婚十年了。从最初的热恋，到婚姻的甜蜜。十年的夫妻生活使他们之间的关系变成了一潭平静的湖水，毫无波澜。两人挺过七年之痒，却无法躲开这十年之劫。一个名为朱利安·贝尔的英国小伙，打破了凌叔华看似平静的却危机四伏的婚姻生活。

朱利安·贝尔是一名诗人，他的双亲都是知名的艺术家，而大家最熟悉他的地方却是他的姨母，一位英国著名的女作家弗吉尼亚·伍尔夫。这是一位有才华又富有激情、年仅27岁的青年诗人。1935年10月上旬，带着玛杰丽·弗莱的介绍信和满心的期待，朱利安来到了武汉大学。武汉大学与朱利安约定了一个任期三年的任教约定。朱利安担任“英语写作”“莎士比亚”“英国现代主义作家”这三门课程的任教老师，每周十六个课时。自幼受到宠爱的朱利安，是个长相漂亮的男孩子。他来到武汉大学以后，几乎成了全校女同学的梦中情人。初秋的武汉，暑气还没有褪尽，而珞珈山依旧是那么的妖娆艳丽。

朱利安到达学校后，便直接去半山坡上隐藏在郁郁葱葱树木中的陈源家的小楼，名为“双佳楼”。在那里，朱利安第一次见到了凌叔华。他对凌叔华的第一印象极好，认为凌叔华是个温婉、有气质的女人。当天晚上朱利安在给他妈妈写信的时候，这样描写他在陈家度过的这个下午："整个下午我都和文学院院长一家呆在一块，有他的妻子，还有他六岁的女儿——非常可爱迷人的小女孩。我们谈话的方式很自由——简直是内地的剑桥。"

在与凌叔华相处的这一段时间里，朱利安彻底为凌叔华身上的魅力所倾倒。凌叔华称职地尽到了一个东道主的义务，极其热情地帮助朱利安解决生活上的琐事。身在异国他乡的朱利安，对凌叔华无微不至的照顾升起了一丝不一样的情愫。在他看来，凌叔华就像深埋在冰下的火种，只要有人肯去发掘，就能把她所有的激情都毫无保留地释放出来，那样的她会比现在更加光彩照人。凌叔华可能是一个天生对感情迟钝的人，她完全没有发觉身边的这个被自己看作是弟弟的男孩子，已经在觊觎她的心了。朱利安不知从何时起，每次写信都会跟母亲提到凌叔华，他在信中向母亲这样描述凌叔华："她，叔华，是非常聪颖敏感的天使……请想象一下那么一个人，毫不造作，非常敏感，极其善良极其美好，生性幽默，生活坚定，她真是令人心爱。"

朱利安与凌叔华有着许多相同的爱好，绘画和文学是两人最大的爱好。自然而然的两人交往越来越密切频繁。这个浪漫的异国小子，开始秘密且疯狂地追求凌叔华。起初的凌叔华并没有在意朱利安的追求，因为她是一个有丈夫有女儿的中年妇女，而对方是个正直青春年少的英俊小伙子。凌叔华不会相信这爱会持久，也不会让自己陷入到这种危险的关系中。但是平静了多年的感情，使凌叔华的心稍微有一些落寞。只是目前来看，凌叔华还是可以用理智克制住自己的思想的。面对朱利安的穷追不舍，凌叔华那颗理智的心越来越躁动不安，她甚至感觉到自己对于朱利安的示爱开始抱有一丝丝的期待。可是这种感觉太微妙了，凌叔华没有办法克制，就这样让它慢慢在心中滋生，逐渐壮大。

有一天，下课的凌叔华匆匆赶到家里，却没有看到朱利安的身影，心中很是失望。以往每到这个时间，朱利安都会过来与她打招呼，然后亲自为她朗诵一首情诗，来表达自己的爱意。接着第二天，第三天，朱利安一直没有出现，凌叔华变得越发焦虑。她竟然会去想念那个每天跟自己表白的小伙子，见不到他，她会觉得心里空落落的。

终于，在朱利安消失的第四天，凌叔华按耐不住内心的想念，来到了朱利安所在的宿舍。敲门后见无人来开门，凌叔华找出之前朱利安给她的备用钥匙打开了房门。推开门，首先映入眼帘的便是躺在床上，面颊绯红的朱利安。凌叔华随手把门带上，急步走了过去，把手放在朱利安的额头上试了一下。朱利安的额头烫得吓人，而此时已经烧糊涂了的朱利安嘴里还在叫着凌叔华的名字。这样的朱利安无法不让凌叔华心中泛起怜惜，整个下午，凌叔华知道，她已经彻底陷落了。在凌叔华的悉心照料下，朱利安的病很快就痊愈了。

朱利安清醒的第一时间就是向凌叔华解释，为什么这几天没有去看她，因为他生病了，怕把病菌传染给凌叔华，所以他这几天都是在宿舍里养病。听到这些的凌叔华，仿佛看到了当年默默守在她身边的陈源。心中便是一阵悸动，朱利安看出了凌叔华的改变，便趁热打铁再一次向凌叔华表白。这次很顺利，没有遭到拒绝。朱利安兴奋得整个晚上都没睡觉。他给他的母亲写信，表达自己的喜悦心情："总有一天，您要见见她。她是我所见过的最迷人的尤物，也是我知道的唯一可能成为您儿媳的女人。"

就这样，一个文学院院长夫人，一个外教，开始了他们隐蔽的恋情。她们一起泛舟东湖，一起共游北平。每次出去约会，都能找到很好的理由去掩饰。在北平的日子，是两个人最自由最快乐的时光。朱利安把北平比作巴黎。在北平给母亲写信的时候说道："能想象有比和情人一起去巴黎更美妙的事吗？她对这个城市了如指掌。全身心地爱着你，无比动人。对食物的口味无可挑剔，她是全世界最浪漫男人的梦想。”

身份、背景完全不同的两个人就这样轻而易举的坠入情网，想要将其中的缘由一一理顺弄个明白是一件极其困难的事情。而对于这段感情，凌叔华一字都没提及过，留下的只是那些朱利安写给母亲信中的只言片语。这种不被世人看好的恋情注定是没有结果的。

1937年，朱利安与凌叔华的恋爱“东窗事发”，闹得人尽皆知。陈源在知道了妻子有外遇这件事后，提出了三个解决方式，让凌叔华自己选择：一是离婚；二是分居；三是断绝一切与朱利安的往来，两人重归于好。这样宽容的条件让凌叔华分外羞愧。在经过一阵激烈的内心挣扎以后，她选择了第三个解决方式，断绝一切与朱利安的往来。因为她发现，她其实是离不开陈源的，而对于朱利安的感情也许只是一时的新鲜，可丈夫陈源才是自己实实在在的爱。

随着恋情的曝光，朱利安无法在中国继续待下去了，而凌叔华到最后也没有选择与他在一起，于是他带着这段遗憾的恋情回国了。

1946年，陈源担任国民党政府驻联合国教科文组织常驻代表，留居英国。次年凌叔华带着女儿抵英，与丈夫一起定居英国伦敦。之后的几年，凌叔华在欧洲各国举办了多场画展。然而客居他国的凌叔华无法摆脱对祖国的思念与眷恋。在丈夫陈源去世以后，她愈发感到孤独。最终，凌叔华在1989年12月重回自己的祖国，在这块土地上走完了余下的人生。

一个人，一生要有多少激情，才能一直坚持着在每段感情到来时都能够做到竭尽全力去爱，当爱情离开时坦然面对。一个人要有多坚强，才能在听过流言蜚语与体会过世态炎凉后，依旧活得潇洒自我。豁达是一种心境，也是一种天赋。只要时刻保持一颗豁达的心，便不会畏惧任何挫折与磨难。

潘　素：画里自有千秋风流

闲暇之时，我最大的爱好便是逛书店。近年来主题书屋越来越多，最近我家附近也开了一家。今日闲来无事便决定去逛逛。推开门瞬间书香扑面，相对方便阅读的电子书，我更钟爱这种纸质的印刷品。书店里有个特色阅读空间，这次推荐的主题是童话。走进“童话世界”，随手在书架上抽出一本书，便坐在一旁的椅子上安安静静地边阅读边感受置身童话中的乐趣。手里拿的是本《灰姑娘》，讲述一个小女孩的历经苦难，最后终于与王子幸福的生活在一起的故事。每个少女心中都有一个灰姑娘的梦，最后能遇到王子的却寥寥无几。幸运的是，潘素便是这少数人中的一个。

潘素出生在苏州，生于名门望族。潘素自小就是家中的掌上明珠，虽然父亲是个纨绔子弟，但她的母亲却是个名副其实的大家闺秀。潘母对这个聪颖漂亮的小女儿给予了很高的期望。在潘素七岁的时候，潘母为潘素请来了当地最有名的师傅教她琴棋书画，诗词歌赋。当时的潘素学习很刻苦，终习得一手好琵琶。13岁时，潘母病逝，而潘素的劫难生活也就此拉开帷幕。

在潘母去世后不久，潘父便迎娶了继母入门。继母容不下这个原配留下的孩子，两年后便以潘素擅弹琵琶为借口，将年仅15岁的潘素送入青楼，让她操琴赚钱补贴家用。家道中落的潘素，别无选择，只能听从继母的安排，无法反抗。孙曜东（张伯驹的好友）在回忆当年的潘素时，是这样描述的："潘素女士，大家又称她为潘妃，苏州人，弹得一手好琵琶，曾在上海西藏路汕头路路口'张帜迎客'。初来上海时大字认不了几个，但人出落得秀气，谈吐不俗，受'苏州片子'的影响，也能挥笔成画，于是在五方杂处、无奇不有的上海滩，曾大红大紫过。……那时的'花界'似乎也有'分工'，像含香老五、吴嫣等人，接的客多为官场上的人，而潘妃的客人多为上海白相的二等流氓。红火的时候天天有人到她家'摆谱儿'，吃'花酒'，客人们正在打牌或者吃酒，她照样可以出堂差，且应接不暇。那时有些男人喜欢‘文身’，多为黑社会的人，而潘妃的手臂上也刺有一朵花……最终她的‘内秀’被张伯驹开发了出来。”

上天并没有舍弃这个聪慧美丽的女子，而是精心为她安排了一场改变一生的邂逅。张伯驹与溥侗、袁克文、张学良，并称民国“四公子”。而张伯驹自幼受良好教育，9岁便被人称作“神童”。与潘素相遇前，张伯驹时任盐业银行总稽核，每年都要到上海分行查账两次。每次张伯驹到上海查账都会随朋友一起去“花界”走走。随着命运的指引，张伯驹与潘素便在这纸醉金迷的花花世界里相遇了。那一日张伯驹从盐业银行查完账出来，便去找住在上海的好友孙曜东出去玩玩。张伯驹早就听闻“花界”中来了个会弹琵琶的美女，由于上次有事没来得及见上，心下便惦念着，于是便借这次来上海查帐的机会，拉着好友一同去见识一下。两人到了歌舞厅，坐在贵宾席上，一边看节目，一边喝酒谈天。突然，舞台上的灯光全灭了，借着昏暗的光线见到一个窈窕的身影，从后台走了上来。当身影在舞台中央的椅子上坐定后，一束灯光瞬间照出，一个“犹抱琵琶半遮面”的女子便犹如仙子下凡一般赫然出现在舞台中间。

张伯驹被舞台上的女子吸引了所有的心思与目光。仿佛整个世界，就剩下他们两个人。只见女子纤细的手指轻轻地拨动琴弦，一阵动听的琵琶声便在这个安静的世界里流转。“大弦嘈嘈如急雨，小弦切切如私语。嘈嘈切切错杂弹，大珠小珠落玉盘。”一曲终了，人们还未从这美妙的乐声中清醒过来，一个个皆是听得如醉如痴。被琵琶声感染的张伯驹情不自禁地鼓掌喝彩，随着他的掌声，其他人如梦初醒般的跟着鼓掌喝彩。潘素就这样走进了张伯驹的世界，从此便再也没有出来过。回家后的张伯驹随手写下了“潘步掌中轻，十步香尘生罗袜；妃弹塞上曲。千秋胡语入琵琶”这幅嵌字联。不仅将“潘妃”二字巧妙地镶嵌其中，更婉转地表露出对这位苏州美女的爱慕之情。

当时的张伯驹，家中已有三房太太，原配夫人与二夫人均是家族联姻，而又因为两位夫人皆不能生养，所以在“不孝有三，无后为大”的压力下，迎娶了第三位夫人。可当遇到潘素后，张伯驹产生了从未有过的强烈渴望，他渴望得到这个气质脱俗的女子。在张伯驹看来，潘素就是古时出塞的王昭君，气质优雅而独特。而潘素也对这位才华横溢的俊逸公子慕名已久，青睐有加。

但此时的潘素其实也已经有了一个论及婚嫁的情郎。这个人便是当时国民党中将臧卓。臧卓起初听闻潘素与张伯驹的来往时，并未把这些传闻放在心上，因为在那样的地方，偶尔传出一些闲言碎语是必不可免的。但当潘素亲自告诉他，她已移情他人的时候，愤怒中的臧卓把潘素“软禁”在了上海西华路的“一品香”酒店里，下令不许她再见张伯驹。

潘素只是个手无缚鸡之力的弱女子，根本无法与臧卓对抗，只能每日在“一品香”中以泪洗面。得闻潘素被臧卓“软禁”后，张伯驹一时无法想出可行的营救方案，急得食不下咽。在上海，对张伯驹来说人生地不熟，而“情敌”又是国民党军官，怕没救出潘素反倒惹出什么乱子来。他便去找他上海最好的朋友孙曜东帮忙。两人计划一番之后便即刻动身前往目的地。孙曜东载着张伯驹，趁天黑把张伯驹带到了他在静安寺路上的静安别墅内租的一套房子里。那里是上海有名的“小公馆”，来往人员鱼龙混杂，比较好掩饰两人的身份。紧接着孙曜东又带着张伯驹来到“一品香”，买通了一位臧卓安排在“一品香”看守潘素的卫兵。得知臧卓不在时，两人急匆匆地冲进房间，把两眼哭成桃子的泪人潘素救了出来，安顿在静安别墅内。

潘素看着破门而入的张伯驹，不敢相信自己的眼睛。此时的张伯驹就像一位从天而降的神将，突然降临在她的面前，带她逃离这紧锁的牢笼。而张伯驹在看到面容憔悴的潘素时，也仿佛内心犹如被刀割一般沉痛。那苍白的容颜与哀伤无助的表情，就像是烧红的烙铁，烧灼着他的内心。

他想把这个无助的人儿抱在怀里，一辈子也不放开。不久，张伯驹带着潘素一同离开上海，回到苏州，举办了一场盛大的婚礼，迎娶这位令他牵肠挂肚的美人。张伯驹的好友孙曜东回忆两人情定三生的缘分时这样说："他整日埋头于书画收藏和京剧、诗词，来上海也就是玩玩。既然来玩，也时而走走'花界'，结果就撞上了潘妃，一发而不可收，双双坠入爱河。……依我看，张伯驹与潘素结为伉俪，也是天作一对，因为潘素身上也存在着一大堆不可理解的'矛盾性'，也是位'大怪'之人。"

当那层蒙在明珠之上的灰尘洗刷殆尽后，露出的便是明亮耀眼的光泽。与张伯驹结婚时，潘素年仅20岁。当张伯驹看出潘素在绘画方面潜质后，便大力培养，在潘素的刻苦努力之下，她的绘画天赋逐渐展露。

作家董桥在他的《故事》一书中写道："潘素跟过朱德甫、汪孟舒、陶心如、祁井西、张孟嘉学画，跟过夏仁虎学古文，家藏名迹充栋，天天用功临摹。画艺大进，张大千赞叹‘神韵高古，直逼唐人，谓为杨升可也，非五代以后所能望其项背。’解放后，北京官方曾将她的山水画当作礼品赠送给撒切尔、老布什等外国元首。”可见潘素画技之高超，而张伯驹对潘素尽心尽力的培养也是可见一斑。潘素亦没有令张伯驹失望，绘画上的天赋与勤奋，让她在画坛上占有一席之地。

婚后的生活，是幸福而又甜蜜的。张伯驹的浪漫也是无处不在。“齐眉对月。交杯换盏，犹似当年。红尘世上，百年余几，莫负婵娟。”这是张伯驹婚后写给爱妻潘素的词。在张伯驹认为，世间所有与美和幸福有关的诗词，都应该是写给潘素的。而这段得来不易的天赐良缘，让他感到无比的庆幸。

张伯驹携潘素登峨眉山时，写下：“相携翠袖，万里看山来。云鬟整，风鬟艳，两眉开，净如揩。”每年潘素生日，张伯驹都显得格外浪漫，他写下《水调歌头·元宵日邓尉看梅花》：“明月一年好，始见此宵圆。人间不照离别，只是照欢颜。侍婢梅花万树，杯酒五湖千顷，天地敞华宴。主客我与汝，歌啸坐花间。当时事，浮云去，尚依然。年少一双璧玉，人望若神仙。经惯桑田沧海，踏遍千山万水，壮采入毫端。白眼看人世，梁孟日随肩。”以诗词来抒发他与潘素宛如“梁鸿与孟光”般恩爱有加，不但“举案齐眉”，更要“日随肩”。这对神仙眷侣真是羡煞旁人，让人不得不只羡“潘张”不羡仙。

在那个动荡的年代，张伯驹为了不让国宝流失海外，便倾尽家财，收藏文物。当所有人都在反对张伯驹这种“败家子”行为的时候，只有潘素对他不离不弃，始终如一地支持着他的决定。潘素为了支持张伯驹购买西晋陆机的《平复帖》这一稀世珍品，变卖所有心爱的首饰和细软，凑足了4万银元买下了这幅传世墨宝。即使后来有人想以30万银元的高价来购买《平复帖》，都被潘素婉拒。

在她认为，“收藏”是张伯驹一生的夙愿，她要与他一同守好这些国宝。随后两人又以110两黄金购得范仲淹手书《道服赞》。1946年，两人为了保住隋朝展子虔的一幅青绿山水画《游春图》，使它不被贩至海外，便将名下的房产（曾是李莲英的旧居）及潘素所剩不多的首饰一同变卖，凑得240两黄金将它买下。

20世纪50年代，章诒和（章伯钧之女）曾在潘素处学画。她所看到的，是一个完全以张伯驹为轴心而生活的潘素：“潘素对张伯驹是120%的好，什么都依从他，特别是在收藏方面。解放后张先生看上了一幅古画，出手人要价不菲……张伯驹见妻子没答应，先说了两句，接着索性躺倒在地。任潘素怎么拉，怎么哄，也不起来。最后，潘素不得不允诺：拿出一件首饰换钱买画。有了这句，张伯驹才翻身爬起，用手拍拍沾在身上的泥土，自己回屋睡觉去了。”看似笑话一般的生活，却不难看出当时的张府已经捉襟见肘，而潘素时常要为一家的生计煞费苦心。可是这种周瑜打黄盖的伎俩对于这夫妻二人来说更像是一种生活情趣，因为只有互相依靠相互信任的两个人才会放心大胆地向对方使小性子，儒雅的张伯驹，竟然也能如小孩子的一面。

就算在两人结婚40余年之后，年近八旬的张伯驹与老妻暂别时，仍然写下情意绵绵的《鹊桥仙》送给潘素：“不求蛛巧，长安鸠拙，何羡神仙同度。百年夫妇百年恩，纵沧海，石填难数。白头共咏，黛眉重画，柳暗花明有路。两情一命永相怜，从未解，秦朝楚暮。”即使在那场声势浩大的运动中遭受到极不公正的对待，张伯驹和潘素依旧能做到“不怨天，不尤人，坦然自若，依然故我”，一生相伴到老。张伯驹晚年时，一首《瑞鹧鸪》：“姑苏开遍碧桃时，解后（邂逅）河阳女画师，红豆江南留梦影，白滔风末唱秋词。除非宿草难为友，那更名花愿作姬，只笑三郎年已老，华清池水恨流脂。”写尽了两人的情定三世、恩爱一生的美满婚姻。

这童话般的爱情，让人心生向往。潘素能遇到一个张伯驹是她的幸运，能与张伯驹白头到老是她的努力。上天只会给你制造相遇良缘的机会，能不能守得住这份真情，只有靠自己来把握了。

冯沅君：一见钟情，一世爱情

在这个忙碌的城市中，难得享受这偷得浮生半日闲的日子，放空自己，伴着一盏清茶，静静地在窗前发着呆。怀念一下过去，憧憬一下未来。

几分钟之前刚刚收到闺蜜寄来的结婚请柬，去年还是孤单一人的姑娘，只因路过济南的时候去了一趟山东大学，竟然邂逅了一份甜蜜的爱情。原本去意单纯的她还曾在出发之前特意跟我炫耀了一番，说是替我看看可遇不可求的爱情。我与她在学生时代就一直都很羡慕冯沅君那一世的爱情，那么的唯美，让人憧憬。所以那一次，她借着出差的由头拐到了济南的山东大学，就是为了去看一眼冯沅君与陆侃如的雕塑。在那座雕塑旁边，这个憧憬着美好的姑娘居然邂逅了与冯沅君雷同的爱情，一切就像是命中注定一般。

想想人与人的邂逅，是爱情的开始，最让人不可思议的邂逅就是一见钟情。

那一眼的悸动有可能就是一世的追求。有几个人会在茫茫人海中只因多看了一眼，就从此魂牵梦萦，牵肠挂肚。又有谁只因一次邂逅，从此誓约——倾我一世温柔，换你半生守候！

多么可遇不可求的一份情！在这情情爱爱的世界里，现实永远能打败一切幻想，能坚持到最后仍然怀抱最初那份真情的人又有几个。纵观现代文人墨客，又有几人拥有冯沅君这样的美满爱情。

冯沅君终其一生都是以史学家的身份活跃在古典文学学术界，创作小说仅是她的随性而为。她这一生有两件事最值得让人羡慕，一是她在文学上的造诣，另一个就是她那让人艳羡到嫉妒的姻缘。上天似乎特别眷顾这个“聪明绝顶”“性格倔强”（兄长冯友兰对妹妹冯沅君的评价）的女孩子。尽管命运让她经历了那么多的艰难，但还是为她保住了那份始终未变的真情。

冯沅君出生自书香门第，其父亲对于子女的教育尤为注重，专门请了教书先生给他们兄妹三人上课。幼年的沅君由于受家庭的熏陶，对古典文学颇为喜欢。尤其是钟爱唐诗，十一二岁的时候，不仅能背诵大量的诗词，还可以自己动手填词。

冯沅君幼年时因为辛亥革命而辍学。在北京读书的哥哥冯友兰每次放暑假回家都会选一些诗文教授冯沅君，同时也把在学校接收到的新文化与新思想一并传递给她。这些新鲜的知识让冯沅君不再满足隐于深闺中独自学习的生活，她迫切的想要出去看看外面的世界，想要吸取更多的新知识，也更加渴望自由。

也许是上天听到了少女的祷告，1917年国立北京女子高等师范学校开始招生，冯沅君一得到消息就立刻拉上哥哥们一起说服了母亲，紧接着便前往北京应考。

就此，冯沅君成为了中国第一批文科女大学生，来到了北京读书。冯沅君在校期间正值“五四”运动，当时的校长思想顽固，禁止学生参加爱国运动并下令封锁校门。而冯沅君这个看似瘦弱文静的女孩子竟然无视学校禁令，率先砸开学校大门，与其他学生一起夺门而出，上街游行。

冯沅君的内心一直向往着自由和解放，受到爱国运动的激励，她将乐府诗《孔雀东南飞》改编成古装话剧，还亲自扮演了剧中封建人物的典型角色焦母，进行反封建宣传。在20世纪20年代的中国，女大学生登台演戏是极其大胆的行为，而冯沅君偏偏不在意这些。这部古装话剧不仅获得了李大钊先生的亲自执导，还得到了《戏剧杂志》社陈大悲先生等人的大力支持。在学校公演三天，场场爆满，就连鲁迅先生也慕名前来，更不用提那些坐着专车前来观剧的北大清华师生了。一“剧”成名的冯沅君成为了当时京城里引人注目的人物，可说是“名满京华”。

1922年，冯沅君以优异成绩考入北京大学研究所国学门（后改称北京大学研究院文史部），研习中国古典文学。自此，她来到了“教授高深学术，养成硕学宏材”的最高学府，开始了她的研究生读书生涯。在这书香四溢的校园中，冯沅君邂逅了她一生一世一双人的爱情。

图书馆一直都是孕育美丽爱情的圣地，冯沅君与陆侃如也是在学校的图书馆里情定一生。那时，冯沅君与陆侃如同一年考入北京大学研究所国学门。刚刚进入大学的冯沅君就像走进了一扇知识殿堂的大门，每天除去吃饭睡觉和上课，大部分的时间都泡在图书馆里。陆侃如也是如此，每天窝在图书馆里如痴如狂地吸收着书本里的新知识。命运的齿轮悄无声息地转动着，两个人的命运轨迹也在慢慢重合。

某一日放课，陆侃如匆匆忙忙跑到图书馆，想要借阅头一天没来得及借的书。当他满头大汗赶到的时候，却还是晚了一步，图书管理员告诉他，他想要的那本书刚刚被一个女学生借走了，顺着管理员的指点，他看到了坐在窗边的冯沅君。傍晚西斜的阳光从窗外照进来，暖暖的颜色像撒了一层金粉，在那抹金色里，一个安静阅读的温婉女子瞬间撞进了陆侃如的内心。

从那时起，这个女子的身影便再也挥之不去，成了烙印，印刻在陆侃如的心上。大概这就是一见钟情吧！被那份宁静的气息吸引着，陆侃如也找了一本书，安安静静地坐在了距离女学生不远的桌旁，时不时地抬头看看那抹暖黄。这是他二十几年来第一次这么心不在焉的看书。而正醉心于阅读的冯沅君似乎也感受到了一股炙热的目光总是时不时的投射在自己身上，抬头望去，她看到了一个翩翩少年一般的“江南公子”正在望向自己。两人目光相遇的瞬间，竟然在对方的眼中读解到了欣赏与惊艳。

后来的两人并没有经历某些言情小说中复杂的纠结过

程，他们俩都不是矫揉造作之人，既然相互欣赏对方，就自然会开始频繁的通信与往来。从纯洁的同学友谊，慢慢升华到了美好的爱情。两人每逢周末都会相约出游，时而香山散步，时而北海泛舟，相约一起登长城，牵手共游颐和园，几乎所有景色美丽的地方都曾经出现过他们的身影。用琼瑶式的描述就是："他们一起看雪、看星星、看月亮，从诗词歌赋谈到人生哲学！"这些浪漫的爱情生活全部刻画在冯沅君的《春痕》和陆侃如的《小梅尺牍》中。

两个人的爱情从"萌芽"到"结果"，在《春痕》这部由五十封书信组成的中篇小说中描绘得淋漓尽致。"我主张朋友间的感情要淡而持久。然而我们的友谊何以发展得如此快，我也不知道。鲜艳的花儿，祝你战胜了一切风霜"取自《春痕》。这短短的一段文字，却完整的体现出了冯沅君对自己心仪之人的含情脉脉和欲语还休。赵景深曾经意味深长的说过："《春痕》和陆侃如的《小梅尺牍》是陆冯情愫交流的两地书，要合起来看才有味道。"

1924年，冯沅君从北京大学研究所国学门毕业，同年陆侃如也从北京大学中文系毕业，转而考入清华大学研究院专攻中国古典文学。而冯沅君则由北京女子高等师范学校中文系主任陈中凡介绍，到南京金陵女子大学任教。分隔两地苦苦相思的两个人，只能靠书信和小物件儿互诉衷肠。有一次，冯沅君太过思念在清华苦读的陆侃如，特意去玉器行精挑细选了一座玉雕的兔子寄了过去。收到兔子的陆侃如心甜似蜜，立刻给冯沅君回了一封电报，用晦涩的言语表达了对冯沅君忠贞不二的感情。

然而令两人没想到的是，一句“兔儿永在你笼中。”这样只有俩人能懂的情话却引起了一连串的误会。这段晦涩的电报语言被金陵的警方以为是联系“学潮”的暗语。多方侦查，不仅询问冯沅君这话的意思，还特意派警员北上详细调查了陆侃如的背景与经历。当时的冯沅君看见电报上的文字，满心都是羞涩与甜蜜，没做过多的想法，只是回了一句“这是私人秘密，不宜干预吧？”这让警方更加起疑，直接派遣先前在北京暗中调查陆侃如的派员直接明目张胆的去进行审问。弄懂了派员来意以后，陆侃如十分恼火，“沅君是我女朋友，十二生肖中我本属兔，我们之间说些私话，难道还违法不成！”弄明白事情原委的警察听了陆侃如的解释，只能哭笑不得地离开了北京。

鲁迅先生说：“‘卷葹’是‘拔心不死’的草名，象征女主刻骨铭心的爱情！”《卷葹》的扉页上还印着温庭筠《达摩支曲》里的两句诗：“捣麝成尘香不灭，拗莲作寸丝难绝。”这些都表现了女主人公追求婚姻自主，恋爱自由，追求至死不渝的爱情。也恰恰映射了作者的内心一直在渴望一段至死不渝的爱。冯沅君与陆侃如的邂逅，恰如她期盼的样子，虽然两个人不是青梅竹马，却是一见如故。

两个人从相识，相知，相恋，再到携手进入婚姻的殿堂是水到渠成的事。在1928年的暑假，两个人计划在北京订婚。但那时候的陆侃如只是个名不见经传的小人物，无论是在学术界还是教育界都还没有崭露头角。而冯沅君的两个哥哥，一个是大名鼎鼎的哲学博士冯友兰，一个是享誉盛名的地质学家冯景兰。两位哥哥对于妹妹订婚这件事一直都没有同意。对于哥哥们的反对，冯沅君只能修书恳求母亲的同意，没想到的是，她的母亲也是坚决反对的态度。这件事对于筹备订婚的两个人是一个不小的考验。得不到母亲与哥哥们的祝福，冯沅君一直无法安心，每日愁容满面，这让陆侃如心疼不已。胡适先生一直都十分器重陆侃如，听闻两人的事情以后，便相约蔡元培一起，去冯家拜访，给这对儿鸳鸯说情。胡适跟冯友兰说：“沅君的事，你就不要过问了吧。”这位大名鼎鼎的哲学家，碍于老朋友的情面和这段时间对陆侃如的了解，最终点头应允，并帮着这个倔强的妹妹去说服家里的其他人。

1929年1月24日，冯沅君与陆侃如终于如愿的在上海永结秦晋之好。两人的结合，一度成为了当时文学界的一段佳话，羡煞了当时文学界的青年们。他们的爱情，是一部结合了爱、自由、美的奇特罗曼史。婚礼由冯沅君的哥哥冯友兰主持，胡适、张元济、赵景深、洪深等上海文化名流悉数出席。婚礼当天可谓是高朋满座、群贤毕至，场面轰动了整个上海滩。

在与陆侃如结合之后，冯沅君逐渐把兴趣和经历转移到了古典文学的研究上。鲁迅先生曾借用匈牙利著名诗人裴多菲的诗句，风趣地说冯沅君的美满爱情生活使她不再歌唱，“三年后的《春痕》，就只剩了散文的断片了，更后便是关于文学史的研究”；晚年的冯沅君自己也说，当时逐渐放弃文学创作是“辜负了鲁迅先生的期望”。1933年，鲁迅又把冯沅君的《旅行》和《慈母》编入《〈新文学大系〉小说二集》，并给予了高度的评价：“是在五四运动之后，将依然和传统战斗，遂不得不复活其‘缠绵悱恻之情’的青年们的真实写照；和‘为艺术而艺术’的作品中的主角，或夸耀其颓唐，或炫鬻其才绪，是截然两样的。”

陆冯二人婚后，仍然不断学习，互相勉励。他们制订了一个“五年计划”，打算省吃俭用，攒够学费，共同出国留学。整整三年的清贫苦日终于完成了“攒钱”计划，他们一同留学法兰西，攻读博士学位。这不仅仅是为了开拓自己的视野，也是冯沅君为了向自己的大哥证明：她钟意的人一定是金子，一定会发光。

1932年6月，陆冯二人从上海出发，历经一个月，抵达巴黎，同时考入有着“欧洲大学之母”之称的巴黎大学文学院博士班，继续从事中国古典文学的研究。两个人一起留学，一起研究中国古典文学，一起参加法国著名作家巴比塞领导的“反战反法西斯同盟”。他们一起完成在巴黎大学文学院博士班学业，并于1935年回国。获得文学博士学位的冯沅君与陆侃如，特意绕道莫斯科经西伯利亚回国，去完成他们的一个夙愿，去一次十月革命胜利后的苏联。

回国以后，陆冯二人各自在大学任教。随着1937年抗日战争爆发，北平沦陷，他们安定的日子也被随之被打破。冯沅君和陆侃如立誓不当亡国奴，毅然决然地离开北平，相携相伴，过着颠沛流离的生活。在冯沅君的诗中有记录这段生活的诗词：“地室避兵朝复夕，亲朋生死两茫茫。”“连连枪声疑爆竹，兼旬卧病意为哀。”“两日悲欢浑一梦，河山梦里属他人。”索性，在这段最艰苦的岁月里，他们彼此相伴，彼此扶持，用坚持与信任走过了那一段不堪回首的岁月。

在国难当头的日子里，冯沅君与陆侃如夫妇表现出了知识分子的爱国热情，但毕竟他们只是有着七情六欲的人，背井离乡，承受失去亲人的巨大痛苦，这些磨难无时无刻不在刺激着二人的神经与内心。后来冯沅君在《古剧说汇》一书序中写到："生不能养，殪不与葬。从光绪三十四年丧父之后，母亲的死是我遭遇最悲痛的事。"不过还好，在最艰难的岁月里，在最痛苦的哭泣中，有着那个人的温柔鼓励与不离不弃的陪伴，总要好过自己挨过那些难忍的孤独与寂寞。

晚年的冯沅君由于在"文革"期间长期的思想压力，以及饮食无规律，患上了严重的心血管病。那时候的陆侃如也早已不是当年的英俊少年，只能吃力地用板车拉着她去看病。有一次，天降大雨，在泥泞的道路上，陆侃如用力拉着板车，不料车轮陷入泥洼中，怎么用力也拉不出来。

冯沅君看着这样的陆侃如，满是心疼，就打算下车步行。陆侃如坚决不让，两人甚至因此而争执了起来。还好，有一对好心的父子路过，帮陆侃如把车轮拖出了泥坑。虽然会有争吵，但是冯沅君却一点也不觉得难过与烦躁，那是自己的丈夫对自己深沉的爱所致，而她自己的心中藏着的也是那种炙热。在漫长的岁月中，那种炙热虽然已经不再如从前一般熊熊燃烧，却已经变成了温暖的血液，早已融入到了彼此的血管当中。

1974年6月17日，冯沅君走完了她74年的生命历程。冯沅君辞世后，陆侃如感受到前所未有的孤独与痛苦。他每日面对着冯沅君的照片，形影相吊、幽思难忘，经常低声喃呢着青年时为冯沅君写下的爱情诗句：“红楼邂逅深如昨，白首同心一片丹。”冯沅君谢世不久，陆侃如便写下了一篇深情的悼文《忆沅君》，那里记载着他们的相识，他们的相知，他们的相爱，他们的结合，他们的阴阳相隔。

在孤独与对爱妻之死的思念中，陆侃如也开始缠绵病榻，却坚持不眠不休地修订整理爱妻的旧著。他知道，没有了爱妻的自己断是时日无多，可那种刻骨一般的思念却无论如何都无处宣泄。他看着爱妻的旧作就仿佛那年轻时的璧人又一次出现在了自己的眼前，还是那么眉清目秀，还是那么惹人怜爱。四年之后，这痴情郎果然还是随了他的爱妻而去。

由于许多原因，冯沅君辞世后安眠在济南英雄山革命陵园，而陆侃如骨灰只能被送去家乡海门。他们在编著《中国诗史》时总是对坚贞爱情的信念津津乐道，可当这一对50年的夫妻长眠的时候，却只能天各一方。彼此恩爱一生，却最终异地相隔，着实可怜。

所幸的是，1996年，有关部门将冯沅君的骨灰从济南接回海门，在陆侃如的出生地三阳镇六三村合葬。至此，这对深爱彼此的人儿才算是有了共同的安息之地。

2010年10月17日，陆侃如、冯沅君雕像在山东大学中心校区文史楼北面桂花园中揭幕。我也一直都想去看看这对文学界的伉俪，感受一下他们那一生一世一双人的爱情故事。不知道在那里，我是否也能收获一场奇遇？

有人说，爱情是一本永远写不尽、读不完的书。我觉得爱情同样是一部演不完、且永不落幕的戏剧。即使人的生命有限，人终究是会老去，但是每一段刻骨铭心的爱情佳话都值得千古流传。一个女子，只有做好了一切的准备，在恰当的时间，遇到对的人，一见钟情就会变得顺理成章。

虽然每个人的爱情轨迹不一样，但是每个人都有憧憬爱情的权利。我们需要做的就是时刻准备着，让最好的自己随时迎接一场怦然心动的邂逅。

张兆和：世事沧桑心事定

某日心中烦闷，想找点舒缓情绪的事做，信手拿起《边城》开始阅读。即便自己已经想不起来，是第几次跟着沈老的笔，去欣赏湘西的风景，去体味翠翠的喜怒哀乐，但手中的浓浓墨香，依然令我无限神往，沉浸在秀美的山水中，听翠翠讲心事，仿佛这个灵气十足的小姑娘就站在面前，她皮肤黝黑、相貌清秀，一如沈老其他作品里的女主人公，而这些人物的原型都来自同一个人——张兆和。沈老将对太太的感情装在心里，倾注于笔尖，是人尽皆知的，他曾写道：“我这一辈子走过许多地方的路，行过许多地方的桥，看过许多次数的云，喝过许多种类的酒，却只爱过一个正当年龄的人。”

许多人感慨，张兆和是个运气极佳的女子。出身富商家庭，父亲热衷教育，同时悉心培养女儿，把原本就聪明伶俐的她，培养成极富修养的才情女神。后来又遇到视她如珍宝的沈从文，即使结婚多年，两人也如同在热恋中，一度羡煞旁人。

有些人对“运气”的解读，多少沾点“不劳而获”的边。拥有时得意忘形，失去后又捶胸顿足，很难坦然地接受命运安排，更谈不上把“运气”拢到自己身边，张兆和便是善于寻找和利用“运气”的人，长辈说：“兆和打小不争不抢，总是一个人在角落闷皮，或是读书。”

确实，作为家里的第三个女孩子，张兆和小时候并未受到太多关注，甚至连她自己都讲：“大姐是奶奶的眼珠子，自幼受宠；二姐是七个月的早产儿，被父母宠爱；我是无足轻重的那个。”不过，她话锋一转，“这也有好处，我从小就特别自由，少了很多束缚。”

虽然这份“自由”在其他人眼里，并非值得炫耀的事情，但她在小小的世界里，却也被“珍惜”着。她好动，就连在狭窄的栏杆间，都能侧身钻来钻去，还曾表演给大家看；她喜欢读书，是家庭女教师最喜欢的学生，不到十岁就作得一手好诗，琴棋书画样样拿手，英文说得比上海话还溜；她喜欢玩小把戏，每次家庭游艺会，她都能上演独角戏，常逗得大家乐不可支。

转眼到了18岁，张兆和凭借优异成绩，成为中国公学大学部外语系的一名学生，聪明可爱的她，身后总是有众多追求者，当中就包括她的老师——沈从文。

很多年后，沈老回忆那段甜蜜的往事时说："青年时期我很木讷，还有些自卑，但我在学校里，一眼就认出了张兆和，她是一个充满活力的精灵，她的一颦一笑都牵动着我的心。"

于是，老师对这位女学生展开了疯狂的攻势：写情书！一封接着一封地写！

只是，张兆和始终保持沉默，从不回信，也没有退信，这令沈从文有些慌乱。他只得去猜测张兆和的想法，而越猜，心里就越乱。

这便是真实的她，活泼起来像一只兔子，安静的时候，又似乎快找不到她了。可能只有懂张兆和的人才晓得，她从来都是用最简单的心，与这个世界沟通；所以她的眼睛是纯净的，心是定的，面对不同年龄段的困惑，她也会慌，会无助；所以才会在学校里起了风言风语，情急之下拿着全部情书去找校长。

不知是巧还是不巧，时任中国公学校长的胡适，觉得他俩应当是一对儿。他一面安慰张兆和，一面默许沈从文对她的追求，然而缘分就这样妙不可言，最终，张兆和与沈从文结为百年之好。

结婚后，丈夫提出专心写作的想法，张兆和没有犹豫便答应了，她懂丈夫，而她自己亦是不愿被束缚的人。为了全力支持丈夫写作，22岁的她只身来到青岛，一面在青岛大学工作，一面照顾丈夫的生活。

此时，张兆和已经顺利完成角色转换：从一个天真烂漫的名门闺秀，变成了当时毫无名气的沈从文的妻子。曾有人问她："你可觉得婚后生活极其无味？"谁知张兆和回答："我们用自己的方式生活，很快乐，何谈无味？"

不过，张兆和偶尔也会被丈夫惹得气呼呼。有一次，她在洗衣服时，发现了丈夫口袋中有一张揉碎了的当票，原来丈夫把她的一只戒指当了，却忘记取回来。张兆和拿着碎纸走到丈夫跟前，质问道："戒指呢？"沈从文一拍脑袋，知道自己"闯了祸"，一时也不知道该说什么，只好满脸委屈地望着她，像个无措的小男孩，张兆和见此场景，竟"噗嗤"一声笑出来，讲道："明明是你不对，却弄得我欺负你似的。"见到她笑了，沈从文才敢开口说话："我生来愚钝，总是做这些蠢事，你不要生我气。"

张兆和嘴上说着无奈的话："这要怎么好，我已经嫁给你，只得拿你没办法。"可心里确是甜的，她懂得丈夫表达爱意的方式，也知道自己是被丈夫揉进生命中的一块美玉，她自然也是深爱丈夫的，她把对他的爱融入生活的点点滴滴，微至茶米油盐、一针一线。

新婚不久，沈从文就回了一次湘西老家，他在船舱里给张兆和写信："我离开北平时还计划，每日用半天给你写信，半天写文章，谁知到了船上，脑中全是你，只想给你写信，别的事全没心思做。"

张兆和习惯了阅读丈夫的信，她也回信，他按照惯例称她三三，她也娇羞地称他二哥，她会在信中担忧他："长沙的风是不是也会这么不怜悯地吼，把我二哥的身子吹成一块冰？"他则回信安慰："三三，乖一点，放心，我一切好！

我每天都在想你。”

这样的日复一日、年复一年，张兆和与沈从文过着平淡而又幸福的生活，他们有了孩子，沈从文的文学事业也蒸蒸日上。

到此为止，张兆和的人生故事，都洋溢着活泼与美好，不过，用她的话说：“这些都只是引子。”

1937年，北平沦陷，而张兆和与两个儿子就住在北平城，她与身在昆明的丈夫通信，安慰他不要牵挂家里，他们一切都好，字里行间显现出一个女性独立撑起家庭重担的从容与沉稳。天冷了，她就把旧毛衣的断线，一段段搓捻起来，给儿子打了一件用深红色和浅咖啡色拼成的毛背心；一贯省吃俭用的她也会偶尔从小店买回几块荞糕，给孩子们解馋。

张兆和独自带两个儿子甚是不易，此时已经看不到她的纤纤素手了，而是在冬天贴满橡皮膏的手指，和粗大的指关节。

生活陷入困境时，丈夫并不在张兆和身边，她没有向任何人抱怨，反而用书信的方式“恳请”丈夫让她去分担更多家庭重任。她似傲雪梅花，冷静、坚强地绽放，她总是非常乐观地面对生活，即便生活已经千疮百孔。她告诉自己：我没有哭泣的权利，她要成为丈夫的后盾，她要撑起这个家。

然而，命运总是喜欢跟人开玩笑，当张兆和好不容易盼来战争胜利，丈夫与自己和孩子团聚时，数次波及沈从文的政治运动，又让这个家走向黑暗。

一次次来势凶猛的打击，令沈从文忧郁过度，最终陷入病态的迷狂状态，面对每日不断念叨“回湘西去，我要回湘西去”的丈夫，张兆和无言以对，又不敢在他面前流泪，于是她把所有苦难咽进肚中。

张兆和之弟寰和曾在《兆和纪念专集》的封面上标注：“三姐是山，沈二哥是水，这青山，默默无言地涵养着绿水，永远，永远，永远……”

在张兆和的悉心照料下，丈夫逐渐恢复健康，但这并不意味着艰苦生活的结束。1969-1972年，她被下放湖北咸宁五七干校挑粪种地，之后又被安排在湖北丹江干校，认识张兆和的人都说，她吃苦耐劳的精神真是令人敬佩，甚至没有人相信，她曾是名门闺秀中娇生惯养的弱女子。

此时的张兆和已经是个六十多岁的老人，但每天还要承受繁重的体力劳动，时间久了，她的脚趾全部变形、走样。即便后来回到北京生活，她也当过一段时间修鞋匠，只是张兆和从未表现出沮丧的情绪，相反，她会津津乐道地说：“我的技术还是很不错的。”

这些难忘的人生经历，让张兆和的内心产生了强大的免疫力，她和丈夫坚强地度过了艰辛清贫的日子，一边劳作，一边共同读书，交流、分享心灵深处的喜悦。

1988年，沈从文带着对妻子深深的眷恋离世，年近八十的张兆和率子女，将丈夫的骨灰带回湘西，饱受沧桑的她把对丈夫的爱印刻在了心里。

2003年2月16日，张兆和走完人生最后一程，安详地离开了，她的孙女说：“奶奶的心是热的，用过的东西是热的，说过的话也是热的，奶奶虽然走了，但是她的温暖会一直陪伴我们。”

与其求好运气，不如从容地面对生活，不论幸福还是苦难，都是生命赐予我们的礼物，哪怕风雨变迁、地动山摇，积攒于内心深处的沉稳与淡定，是战胜一切磨难的巨大精神力量。当我们学会坦然面对一切，就会发现原来自己才是被上天眷顾的幸运儿。

/ 杨绛：用温润书写人生 /

这个七月，世上本该有碗长寿面，但因“我们仨”终于在天上团聚，所以杨绛先生不再享受人间之物，而上个周末遇见初七的时候，恰好是她离开的第四十九天。

2016年5月25日，一枚柔软的灵魂走完整个世纪的人生，除了文字，再没有留下什么，先生说过，不希望她的离世成为新闻，更不要做任何仪式，一如她低调的风格。

杨绛出身书香门第，1932年进入清华大学读书，也就是在这里，她遇到了一生的伴侣——钱钟书，当“蔚然而深秀，瘦瘦的，书生模样”，邂逅“缬眼容光忆见初，蔷薇新瓣浸醍醐”，一场势均的爱情之花含苞绽放。

她接到钱钟书的信，依约在工字厅相会。两人的第一次对话，竟是“我没有订婚”“我也没有男朋友”，于是，他们开始书信往来，越写越勤。

三年后，沉浸在甜蜜爱情中的杨绛与钱钟书携手走进“围城”，她打趣地回忆道：“《围城》中那个结婚穿黑色礼服、白硬领圈给汗水浸得又黄又软的新郎，正是钟书自己，结婚那天是黄道吉日里最热的时候，我们的结婚照上，新人、伴娘、提花篮的女孩子、提纱裙的男孩子，好似刚被警察拿获的扒手。”

婚后，杨绛陪同丈夫去英国就读。她每天闻着丈夫准备好的早餐香气醒来，一脸幸福地说：“这是我吃过最香的早餐。”即便很多年之后，她回忆起在英国的点点滴滴，还是会弯起笑眼。

杨绛说，钱钟书在生活方面是个特别笨拙的人，因为他打小没有学过如何做这些，甚至连戴手表这样的小事都得依靠太太。但她从来不恼，她愿意保留丈夫的痴气、顽皮和笨拙，因为她告诉自己：“我是钱钟书的太太，我要照顾好他的生活。”在杨绛的包容和照料下，钱钟书得以专心写作和研究，佳作终成。

1937年，杨绛生下女儿钱瑗——“她平生唯一的杰作”。这年夏天，丈夫获得文学学士，秋天，举家前去法国进修。

此时正值国内爆发全面抗战，杨绛身在海外却心系祖国，第二年9月，他们离开法国。10月，杨绛独自带女儿回上海，钱钟书前往昆明，在西南联大外文系任教授。

1941年年底，上海深陷战争泥潭，一度成为孤岛。为了生计，杨绛既当中学校长，又给阔小姐当家庭教师，业余时间还写了不少话剧和散文，同时要照顾一家人的起居。

这段时间里，丈夫在得到她的支持后，开始创作《随意录》和《围城》，并在《围城》的序中写道：“这本书整整写了两年，两年里忧世伤生，屡想中止。由于杨绛女士不断的督促，替我挡了许多事，省出时间来，得以锱铢积累地写完，照例这本书该献给她。”而书中最经典那句话：“围在城里的人想逃出来，城外的人想冲进去，对婚姻也罢，职业也罢，人生的愿望大都如此”就是杨绛的人生感悟。

某次，她从书中读到一句话：“我见到她之前，从未想到要结婚；我娶了她很多年后，从未后悔过；也未想过要娶别的女子。”便兴奋地说给丈夫听，得到的回答是：“我与他的想法一致。”杨绛随即说：“我也是。”

1945年的一天，日本人突然闯入杨绛家中，她镇定自若，与对方展开周旋，同时以最快速度藏好丈夫的手稿，杨绛说，那一刻，她没有时间害怕，心中只是想着，一定要保护好他的作品，一定要保护好他们的家。

1949年8月28日，杨绛一家又来到北平，为在清华大学任职做准备。她教英国文学，丈夫则在外文系教研究生。

从他们一家回国到住进干面胡同的宿舍，杨绛和丈夫、女儿一直处于居无定所的状况，但在她的打理下，一家人其乐融融，过得好不幸福。

杨绛从事过很多工作，但最让她骄傲的，就是钱钟书生命中的杨绛，她讲过，这是她终生不改的事业。

1966年，杨绛夫妇在全国性的政治浩劫中被“揪出来”，过着苦不堪言的生活。当她发现丈夫被剃成“阴阳头”时，连夜为他赶制了假发套，次日照常出门买菜。她被分配到的工作是洗厕所，她二话不说就把女厕所清洁得焕然一新，还特意将便池帽擦得一尘不染，闲暇时候就坐在上头看看书。

后来，杨绛和丈夫被下放到干校劳动，她的工作是种菜，此时的杨绛已经是一位花甲老人。白天看管菜园的时候，一边坐在小马扎上看书，或者把腿当写字台，一字字地创作；钱钟书的工作是通信员，他每次去邮电所都特意从菜园边上绕一圈，杨绛戏称这是“菜园相会”。

乐观的心态造就了杨绛坚强的性格，她不断鼓励自己与丈夫，以伟大的女性情怀去感染身边的人，把积极的生活态度传递下去。

这期间，杨绛不仅自己完成了世界上最优秀的译作——《堂吉诃德》，丈夫也在她的陪伴下，写出了对后世有深远影响的传世巨作——《管锥篇》。

八年干校生活归来，杨绛也渐渐步入古稀之年，她对生命的理解比之前更加透彻，随即动笔写了《干校六记》，记录下在干校生活的点点滴滴，此书面世不久便受到极大反响，连胡乔木都说：“怨而不怒，哀而不伤，缠绵悱恻，句句真话。”

杨绛就是这样的温润，时刻散发沁人心脾的幽香，像一杯清茶，平淡中带着一丝浓烈，她的作品亦是如此，让人百读不厌，时间稍久还会想念。

1993年，钱钟书住院了，她与他商量："如果有多余的钱，就设立一个'好读书奖学金'，让那些家境贫寒的学生有机会上学。"丈夫和女儿一致同意，杨绛开始为帮助贫困学生奔波操劳。

1994年，钱钟书再次住进医院，病情比之前更重，几乎缠绵病榻，全靠杨绛一人精心照顾。第二年冬天，他们的女儿钱瑗也住院了，三人同在一城却相隔甚远，当时杨绛已经年逾八十，整日奔波于丈夫、家、女儿之间，为他们做各种肉泥和蔬菜泥，炖各种补身体的汤，鸡肉要剔除每一根筋，鱼肉要除掉每一根刺，她陪伴丈夫走完人生最后一秒，临了，她在丈夫耳边说："你放心，有我！"钱钟书这才合上眼睛。

女儿和丈夫相继离开人世，将深深的思念留给杨绛，她感慨："我们仨就此失散了，就这么容易的失散了，现在，只剩下了我一人。"

她将万千思绪融入一句平淡的话中，杨绛就是这样，她永远都在安静地表达，可谁又想到，她安静的外表下，是一颗怎样火热的心？

此后，杨绛一直深居简出，过着既简单又简朴的生活。

91岁高龄的她，一力揽下整理丈夫遗作的工作，把几麻袋的手稿翻出来进行整理，并最终出版，她笑称自己是愚公移山，她说："这是我的工作，作为钱钟书妻子的工作。"

92岁时，杨绛重新拿起笔，开始写散文集《我们仨》，她想借写作抒发内心的思念之情，用写作来重温三人之间最真实的情感，书中不仅提到与丈夫风雨同舟的时光，还提到了丈夫与女儿生前最后一段日子。

杨绛从来与世无争，她宁愿躲在安静的角落读书、写字。杨绛也会争取她的立场，她要维护丈夫、维护女儿、维护他们家的完整，为此曾在百岁时走进公众视线，公开声明反对拍卖公司上拍她与钱钟书的信札，在她的坚持下，对方最终撤拍。

杨绛是个"不会争"的"娇弱"女子，但她会在认为必要的时候，站出来告诉世界，她对某些事情的决绝。她用自己的方式书写一场势均爱情和坚硬人生，也书写出一个世纪传说。

生活本就是平淡的，如何让平淡的生活有滋味，得看我们用什么样的眼光去看待，你若温柔，生活也会温柔地待你；你若暴躁，生活便会毫不留情，所以说，一切都掌握在我们自己手中。我们所选择的，一定是心中所爱，应当多多珍惜，当我们愿意为生活中的小事欢欣喜悦时，就会发现美好就在自己身边，少一些刻意的争抢，多一点真诚的付出。